Benedikt XVI.
Paulus entdecken

Benedikt XVI.

Paulus entdecken

Birgit Pottler (Hg.)

Täglicher E-Mail Newsletter gratis über:
www.kath.de/rv-nl

Alle Texte von Benedikt XVI.:
© Libreria Editrice Vaticana, Città del Vaticano

Bibliografische Information Der Deutschen Bibliothek
Die Deutsche Bibliothek verzeichnet diese Publikation
in der Deutschen Nationalbibliografie;
detaillierte bibliografische Daten sind im Internet über
http://dnb.ddb.de abrufbar.

ISBN 978-3-7462-2404-6

© St. Benno-Verlag GmbH
Stammerstr. 11, 04159 Leipzig
www.st-benno.de
Umschlaggestaltung: Ulrike Vetter, Leipzig,
unter Verwendung eines Bildes von © mauritius images/
Hiroshi Higuchi
Gesamtherstellung: Kontext, Lemsel (A)

VOM STAUB BEFREIT ...

St. Paul vor den Mauern, Anfang August, bis auf den letzten Platz gefüllt. Es ist heiß. Kein Lüftchen weht – abgesehen von dem Wind, den die 10.000 jungen Menschen mit ihren Liedblättern und Sonnenhüten herbeifächern. Während der Predigt bei dieser Internationalen Ministrantenwallfahrt ist die stehende Luft in dem sonst so kühlen Bau kaum noch auszuhalten. Konzentration gleich Null. Da öffnet einer das große Hauptportal, das sonst nur zum Papstbesuch am Tag der Bekehrung des Völkerapostels und zum Lumen Christi in der Osternacht aufgestoßen wird. Ein Aufatmen geht durch die Reihen und frischer Wind kommt auf. Mit ihm kehrt die Kraft und die Begeisterung zurück, hier gemeinsam Gottesdienst zu feiern. Fast unbemerkt bleibt deshalb ein Detail, das für mich so recht zu Paulus passt: Plötzlich tanzen nicht mehr nur die Staubkörner mit den Sonnenstrahlen. Eine ganze Staubwolke weht es durch das Kirchenschiff mit den weltberühmten Papstmedail-

lons. Wo sie herkommt? Vom Haupt der über-
lebensgroßen Paulusstatue, aus Marmor und
jahrhundertealt. „Wenn der Geist sich regt"
singen inzwischen die begeisterungsfähigen
Jugendlichen ...

Wer ist dieser Mann, auf dessen Spuren noch
2000 Jahre nach seiner Geburt Staub aufge-
wirbelt wird? Was für eine Persönlichkeit steckt
hinter diesen klaren und doch so schweren
Botschaften: „Freut euch im Herrn zu jeder
Zeit!" (Phil 4,4) – „ Es gibt verschiedene Kräfte die wirken, aber nur den einen Gott: Er
bewirkt alles in allem." (1 Kor 12,6) – Ist Gott
für uns, wer ist dann gegen uns?" (Röm 8,31)
– „Zur Freiheit hat uns Christus befreit." (Gal
5,1)

Uns Christen von heute ist er ähnlicher, als
wir zunächst meinen. Den, dessen Anhänger
er zunächst verfolgte und den er später kom-
promisslos und leidenschaftlich verkündete,
hatte er zu Lebzeiten nie gesehen. Selbstkri-
tisch ist er, hält sich selbst für schwach. Ver-
langt von anderen vieles, von sich selbst aber
alles. Dabei schenkt er dennoch Zuspruch: Jeder Einzelne hat seine Gabe, sagen uns die so
genannten Charismentafeln. Und jede von

ihnen ist gut und hat gleichen Wert, solange sie nur zum Aufbau der Gemeinde eingesetzt wird. In seinen Briefen wird der rastlose Reisende zum Seelsorger, geht ganz konkret auf die Bedürfnisse seiner so unterschiedlichen ihm anvertrauten Schafe ein. Er ist Visionär und Kämpfer, allen Widrigkeiten zum Trotz. Unumstritten war er nie, nachgiebig auch nicht. „Fest stehen in allem, was man erhofft, überzeugt sein von Dingen, die man nicht sieht" (Hebr 11,1).

Papst Benedikt XVI. sagt mit Paulus „SPE SALVI facti sumus" – auf Hoffnung hin sind wir gerettet (Röm 8,24). In seiner Botschaft sieht er grundlegende Fragen beantwortet: „Wie vollzieht sich die Begegnung eines Menschen mit Christus? Und worin besteht die daraus erwachsende Beziehung?" Unverzichtbar ist für Benedikt der ökumenische Aspekt: „Der Völkerapostel, der sich besonders darum bemühte, die Frohe Botschaft allen Völkern zu bringen, hat sich vollkommen für die Einheit und Eintracht aller Christen aufgeopfert." Er nennt ihn „einen Stern erster Größe" in der Kirchengeschichte und „einen wirklich großen Heiligen", der die Christen von heute herausfordert. „Der Erfolg seines Apostolats hängt vor allem mit seinem persönlichen Engagement bei der Verkündigung des Evangeliums und mit seiner totalen Hingabe an Christus zusammen", so der Papst in der Vesper zum Hochfest Peter und Paul 2007, als er das Paulusjahr ankündigte. „Das ‚In-Christus'-Sein müssen wir in unser Alltagsleben hineintragen, indem wir dem Beispiel des Paulus folgen, der immer mit dieser großen geistlichen Weite gelebt hat." In einen Alltag, in dem nicht nur Marmorfiguren vom Staub befreit werden sollen. Das Paulusjahr und dieses Büchlein sollen dazu anregen.

Birgit Pottler

EIN GLÜHENDER EIFERER IM BÖSEN WIE IM GUTEN

Das Leben des Saulus/Paulus

Lukas führt an, dass die Männer, die Stephanus steinigten, »ihre Kleider zu Füßen eines jungen Mannes niederlegten, der Saulus hieß« (Apg 7,58) – es war derselbe Mann, der vom Verfolger zum berühmten Apostel des Evangeliums werden sollte. Das bedeutet, dass der junge Saulus die Predigt des Stephanus gehört haben musste und somit ihren grundsätzlichen Inhalt kannte. Der hl. Paulus befand sich wahrscheinlich unter denen, die, als sie diese Rede hörten, »aufs Äußerste über ihn empört [waren] und mit den Zähnen knirschten« (Apg 7,54). An diesem Punkt nun können wir das Wunder der göttlichen Vorsehung erkennen. Saulus, erbitterter Gegner der Sicht des Stephanus, nimmt nach der Begegnung mit dem auferstandenen Christus auf dem Weg nach Damaskus die christologische Deu-

tung des Alten Testaments auf, die der Proto-
märtyrer vorgenommen hatte, er vertieft und
vervollständigt sie und wird so zum »Völkerapostel«. Das Gesetz ist im Kreuz Christi
erfüllt, so lehrt er. Und der Glaube an Christus, die Gemeinschaft mit der Liebe Christi,
ist die wahre Erfüllung des ganzen Gesetzes.
Das ist der Inhalt der Predigt des Paulus. Er
zeigt so, dass der Gott Abrahams der Gott
aller wird. Und alle, die an Jesus Christus
glauben, werden als Söhne Abrahams zu Teil-
habern an den Verheißungen. In der Mission
des hl. Paulus erfüllt sich die Sicht des Stephanus.

Generalaudienz, 10. Januar 2007

Die Verfolgung der jungen Kirche von Jerusalem gab den Jüngern Jesu den Anstoß, die Botschaft Christi über Jerusalem hinaus, zunächst nach Samaria und dann bis nach
Syrien, bis nach Antiochien und schließlich
zu den Heiden zu tragen. Paulus, der bei der
Steinigung des Stephanus zugegen war, führte nach seiner Bekehrung dessen Verkündi-

*Die Statue des Apostels Paulus vor der Basilika Sankt
Paul vor den Mauern in Rom.*

gung fort, führte vor allem seine Deutung des ganzen Alten Testaments auf Christus hin weiter und befreit so das Alte Testament von der Bindung an die äußere Befolgung des Kultgesetzes und seiner Rechtsvorschriften, öffnet es auf die ganze Welt hin, so dass der Gott Abrahams der Gott aller Menschen werden konnte und alle in der Taufe im Glauben an Christus Söhne Abrahams und damit Träger der Verheißung werden durften. Er zeigt uns, dass das Kreuz in der Mitte des Alten Testamentes steht und so, dem gekreuzigten Christus zu glauben, Erfüllung aller Worte Gottes ist. Dies ist der wunderbare Vorgang, dass der, der Gegner des Stephanus war, durch die Begegnung mit Christus selbst dessen Erbe aufnimmt und damit zum Apostel der Völker wird, zum Mitbegründer der universalen Kirche wurde.

Generalaudienz, 10. Januar 2007

Barnabas bedeutet »Sohn der Ermahnung« (Apg 4,36) oder »Sohn des Trostes« und ist der Beiname eines aus Zypern gebürtigen jüdi-

schen Leviten. Nachdem er sich in Jerusalem
niedergelassen hatte, war er einer der ersten,
die sich nach der Auferstehung des Herrn dem
Christentum anschlossen. Mit großer Hochher-
zigkeit verkaufte er einen Acker, der ihm
gehörte, und übergab den Erlös den Aposteln
für die Bedürfnisse der Kirche (vgl. Apg 4,37).
Er machte sich zum Gewährsmann der Bekehrung des Saulus bei der christlichen Gemeinde
von Jerusalem, die dem ehemaligen Verfolger
noch misstraute (vgl. Apg 9,27). Nachdem er
nach Antiochia in Syrien gesandt worden war,
holte er Paulus in Tarsus ab, wohin sich dieser
zurückgezogen hatte; er verbrachte mit ihm
ein ganzes Jahr und widmete sich der Evangelisierung dieser wichtigen Stadt, in deren
Gemeinde Barnabas als Prophet und Lehrer
bekannt war (vgl. Apg 13,1). So hat Barnabas
im Augenblick der ersten Bekehrungen der
Heiden begriffen, dass das die Stunde des Saulus war, der sich in seine Heimatstadt Tarsus
zurückgezogen hatte. Er ging dorthin, um ihn
aufzusuchen. So hat er in jenem wichtigen
Augenblick Paulus gleichsam der Kirche zurückgegeben; er hat ihr in diesem Sinn den
Völkerapostel noch einmal geschenkt. Von der

Gemeinde Antiochias wurde Barnabas zusammen mit Paulus in die Mission entsandt, und die beiden machten jene Reise, die unter dem Namen »erste Missionsreise« des Apostels bekannt ist. In Wirklichkeit handelte es sich um eine Missionsreise des Barnabas, denn er war der wahre Verantwortliche, dem sich Paulus als Mitarbeiter anschloss; sie erreichten die Regionen von Zypern und Zentral- und Südanatolien in der heutigen Türkei, mit den Städten Attalia, Perga, Antiochia in Pisidien, Ikonion, Lystra und Derbe (vgl. Apg 13–14). Zusammen mit Paulus begab sich Barnabas dann zum sogenannten Konzil von Jerusalem, wo die Apostel zusammen mit den Ältesten nach einer gründlichen Untersuchung des Problems beschlossen, die Praxis der Beschneidung von der christlichen Identität zu trennen (vgl. Apg 15,1–35). Nur so haben sie schließlich offiziell die Kirche der Heiden möglich gemacht, eine Kirche ohne Beschneidung: Wir sind einfach durch den Glauben an Christus Söhne Abrahams.

Die beiden, Paulus und Barnabas, gerieten dann zu Beginn der zweiten Missionsreise in eine Auseinandersetzung, weil Barnabas beabsichtigte, als Gefährten den Johannes, genannt Markus, mitzunehmen, während Paulus das nicht wollte, weil sich der junge Mann während der vorhergehenden Reise von ihnen getrennt hatte (vgl. Apg 13,13; 15,36–40). Es gibt also auch unter Heiligen Auseinandersetzungen, Zwietracht und Streitigkeiten. Und dies erscheint mir sehr tröstlich, weil wir sehen, dass die Heiligen nicht »vom Himmel gefallen« sind. Sie sind Menschen wie wir, mit Problemen, die auch kompliziert sein können. Die Heiligkeit besteht nicht darin, nie einen Fehler, eine Sünde begangen zu haben. Die Heiligkeit wächst in der Fähigkeit zur Bekehrung, zur Reue, zur Bereitschaft, wieder neu anzufangen, und vor allem in der Fähigkeit zu Versöhnung und Vergebung. Und so kommt Paulus, der dem Markus gegenüber ziemlich hart und bitter gewesen war, schließlich wieder mit ihm zusammen. In den letzten Briefen des hl. Paulus, dem Brief an Philemon und im Zweiten Brief an Timotheus, tritt gerade Markus als »mein Mitarbeiter« in Erscheinung. Also nicht der Umstand, nie einen Fehler begangen zu haben, sondern die Fähigkeit zu Versöhnung und Vergebung macht uns heilig.

Und wir können alle diesen Weg zur Heiligkeit lernen.

Generalaudienz, 31. Januar 2007

Als sich Paulus von Barnabas trennte, nahm
er gerade Silas als neuen Reisegefährten auf
(vgl. Apg 15,40). Zusammen mit Paulus gelangte er nach Makedonien (mit den Städten
Philippi, Thessalonich und Beröa), wo er blieb,
während Paulus nach Athen und dann nach
Korinth weiterreiste. Silas stieß in Korinth zu
ihm, wo er bei der Verkündigung des Evangeliums mitarbeitete. Im zweiten Brief, den Paulus an jene Gemeinde richtete, ist in der Tat
die Rede von »Jesus Christus, der euch durch
uns verkündigt wurde – durch mich, Silvanus
und Timotheus« (2 Kor 1,19). So erklärt sich,
warum er zusammen mit Paulus und Timotheus als Mitabsender der zwei Briefe an die
Thessalonicher genannt wird. Auch das erscheint mir wichtig. Paulus handelt nicht als
»Solist«, als einzelner Mensch, sondern zusammen mit diesen Mitarbeitern im »Wir« der
Kirche. Dieses »Ich« des Paulus ist kein iso-

liertes »Ich«, sondern ein »Ich« im »Wir« der
Kirche, im »Wir« des apostolischen Glaubens.
Und schließlich wird Silvanus auch im Ersten
Petrusbrief erwähnt, wo zu lesen ist: »Durch
den Bruder Silvanus, den ich für treu halte,
habe ich euch kurz geschrieben« (5,12). So
sehen wir auch die Gemeinschaft der Apostel.
Silvanus dient dem Paulus, er dient dem
Petrus, weil die Kirche eine und die missiona-
rische Verkündigung eine einzige ist.

Generalaudienz, 31. Januar 2007

Das Fest der Bekehrung des hl. Paulus führt
uns wieder die Gestalt dieses großen Apostels
vor Augen, der von Gott dazu auserwählt
wurde, »vor allen Menschen sein Zeuge« zu
sein (Apg 22,15). Für Saulus aus Tarsus mar-
kierte der Augenblick der Begegnung mit dem
auferstandenen Christus auf dem Weg nach
Damaskus die entscheidende Wende seines
Lebens. Da vollzog sich seine vollkommene
Verwandlung, eine regelrechte geistliche Bekehrung. Der unerbittliche Verfolger der Kirche Gottes war in diesem Augenblick zu ei-

nem im Dunkeln herumtappenden Blinden
geworden, aber mit einem großen Licht im
Herzen, das ihn schon bald dahin bringen
würde, ein glühender Apostel des Evangeliums zu werden.

Das Bewusstsein, dass allein die göttliche
Gnade eine derartige Bekehrung hatte bewir-
ken können, hat Paulus nie mehr losgelassen.
Als er durch die unermüdliche Verkündigung
des Evangeliums bereits sein Bestes gegeben
hatte, schrieb er neuerlich voll Seeleneifer:
»Mehr als sie alle habe ich mich abgemüht –
nicht ich, sondern die Gnade Gottes zusammen mit mir« (1 Kor 15,10). Unermüdlich, als
hinge das Werk der Mission ganz von seinen
Kräften ab, war der hl. Paulus jedoch zutiefst
davon überzeugt, dass seine ganze Kraft aus
der in ihm wirkenden Gnade Gottes stammte.

Vespergottesdienst am Fest der Bekehrung des hl. Paulus,
25. Januar 2008

Das Thema der Liebe stellt eine tiefe Verbindung zwischen den beiden kurzen Schriftle-
sungen der heutigen Vesperliturgie her. In der

Ersten Lesung ist die göttliche Liebe jene
Kraft, die das Leben des Saulus von Tarsus
verwandelt und aus ihm den Völkerapostel
macht. In seinem Brief an die Christen von
Korinth bekennt Paulus, dass die Gnade Gottes in ihm das außerordentliche Ereignis der
Bekehrung gewirkt hat: »Durch Gottes Gnade
bin ich, was ich bin, und sein gnädiges Handeln an mir ist nicht ohne Wirkung geblieben« (1 Kor 15,10).

Einerseits belastet es ihn, sich der Verbrei-
tung der Botschaft Christi in den Weg gestellt
zu haben, gleichzeitig aber lebt er in der Freude, dem auferstandenen Herrn begegnet und
von seinem Licht erleuchtet und verwandelt
worden zu sein. Er wird sich stets an das Ereignis erinnern, das sein Dasein verändert
hat, ein Ereignis, das für die ganze Kirche so
wichtig ist, dass es in der Apostelgeschichte
gleich dreimal erwähnt wird (vgl. Apg 9,3–9;
22,6–11; 26,12–18). Auf dem Weg nach Damaskus hörte Saulus die erschütternde Frage:
»Warum verfolgst du mich?« Zu Boden ge-
stürzt und innerlich erregt, fragte er: »Wer bist
du, Herr?«, woraufhin er jene Antwort erhielt,
die der Ausgangspunkt seiner Bekehrung war:

»Ich bin Jesus, den du verfolgst« (Apg 9,4–5).
Im selben Augenblick verstand Paulus das,
was er später in seinen Schriften darlegen
wird, dass nämlich die Kirche ein einziger
Leib ist und Christus sein Haupt. So wurde er
vom Christenverfolger zum Völkerapostel.

Vespergottesdienst am Fest der Bekehrung des hl. Paulus,
25. Januar 2006

Diese Basilika, die Ereignisse von tiefgreifen-
der ökumenischer Bedeutung gesehen hat,
erinnert uns daran, wie wichtig es ist, miteinander um das Geschenk der Einheit zu beten, jener Einheit, für die der hl. Petrus und
der hl. Paulus ihr Leben eingesetzt haben bis
hin zum blutigen Opfertod.
Eine sehr alte Überlieferung, die in die apostolische Zeit zurückreicht, berichtet, dass nicht
weit von diesem Ort ihre letzte Begegnung vor
dem Martyrium stattgefunden habe: Die beiden hätten sich umarmt und gegenseitig gesegnet. Auf dem Hauptportal dieser Basilika
sind sie beide mit Szenen ihrer Martyrien dargestellt. Die christliche Tradition hat also von

Anfang an Petrus und Paulus als voneinander untrennbar angesehen, auch wenn jeder von ihnen eine andere Sendung zu erfüllen hatte: Petrus bekannte als erster den Glauben an Christus, Paulus erhielt die Gabe, den Reichtum dieses Glaubens vertiefen zu können. Petrus gründete die erste Gemeinde der Christen, die aus dem auserwählten Volk stammten, Paulus wurde der Apostel der Heiden. Mit verschiedenen Charismen arbeiteten sie für ein und dieselbe Sache: den Aufbau der Kirche Christi.

Im Stundengebet bietet uns die Liturgie einen bekannten Text des hl. Augustinus zur Betrachtung an: »Ein und derselbe Tag ist dem Fest der beiden Apostel geweiht. Aber auch diese beiden waren eins. Hätten sie auch an verschiedenen Tagen gelitten, wären sie dennoch eins gewesen. Petrus ging voraus, Paulus folgte... Wir feiern das Fest der Apostel, es ist uns heilig durch ihr Blut« (Serm. 295,7.8). Und der hl. Leo der Große kommentiert: »In ihren Verdiensten und Tugenden, die sich nicht in Worten ausdrücken lassen, dürfen wir keinerlei Unterschied annehmen; denn sie wurden auf gleiche Weise erwählt, ertru-

gen dieselben Leiden und fanden zusammen
den Tod« (In natali apostol., 69,6–7).

Vesper vor dem Hochfest Peter und Paul, 28. Juni 2007

In Rom hat das Band, das Petrus und Paulus
in ihrer Sendung vereint, schon seit den ersten Jahrhunderten eine sehr spezifische Bedeutung angenommen. Wie das legendäre
Brüderpaar Romulus und Remus, auf die man
die Geburt Roms zurückführte, so wurden Petrus und Paulus als die Gründer der Kirche
von Rom angesehen. Darüber sagt der hl. Leo
der Große, indem er sich an die Stadt Rom
wendet: »Das sind deine heiligen Väter, deine
wahren Hirten, die, um dich des Himmelrei-
ches würdig zu machen, viel besser und viel
beflügelter gebaut haben als diejenigen, die
sich bemühten, die ersten Fundamente deiner
Mauern zu legen« (Hom. 82,7).
So sehr sie menschlich voneinander verschieden waren und obwohl das Verhältnis zwischen ihnen nicht frei von Spannungen war,
erscheinen also Petrus und Paulus als die Be-
gründer einer neuen Stadt – als Konkretisie-

El Greco, Die Apostel Petrus und Paulus (1614)

rung einer neuen und glaubwürdigen Weise
des brüderlichen Miteinanders, die vom Evangelium Jesu Christi möglich gemacht wurde.
Man könnte deshalb sagen, die Kirche von
Rom feiert heute den Tag ihrer Geburt, da die
beiden Apostel ihre Fundamente gelegt haben. Und außerdem macht sich Rom heute
klarer bewusst, worin seine Sendung und seine Größe besteht. Der hl. Johannes Chrysosto-
mus sagt: »Der Himmel ist, wenn die Sonne
ihre Strahlen verteilt, nicht so strahlend wie
die Stadt Rom, die den Glanz jener brennenden Fackeln (Petrus und Paulus) über die ganze Welt ausstrahlt ... Das ist der Grund, warum
wir diese Stadt lieben ... wegen dieser beiden
Säulen der Kirche« (Comm. ad Rom. 32).

Vesper vor dem Hochfest Peter und Paul, 28. Juni 2007

Wir wissen aus seinen Briefen, dass Paulus
alles andere als ein gewandter Redner war; er
teilte stattdessen mit Mose und Jeremia den
Mangel an rednerischem Talent. »Sein persönliches Auftreten ist matt, und seine Worte sind
armselig« (2 Kor 10,10), sagten seine Gegner

von ihm. Die außerordentlichen apostolischen Ergebnisse, die er erreichen konnte, sind also nicht einer glänzenden Rhetorik oder raffinierten apologetischen und missionarischen Strategien zuzuschreiben.

Der Erfolg seines Apostolats hängt vor allem mit seinem persönlichen Engagement bei der Verkündigung des Evangeliums und mit seiner totalen Hingabe an Christus zusammen; eine Hingabe, die Gefahren, Schwierigkeiten und Verfolgungen nicht fürchtete: »Denn ich bin gewiss: Weder Tod noch Leben« – schrieb er an die Römer –, »weder Engel noch Mächte, weder Gegenwärtiges noch Zukünftiges ... können uns scheiden von der Liebe Gottes, die in Christus Jesus ist, unserem Herrn« (8,38-39). Daraus können wir eine sehr wichtige Lehre für jeden Christen ziehen. Das Handeln der Kirche ist nur in dem Maß glaubhaft und wirksam, in dem alle, die ihr angehören, bereit sind, in jeder Situation für ihre Treue zu Christus persönlich einzustehen. Wo diese Bereitschaft fehlt, wird das entscheidende Argument der Wahrheit, von dem die Kirche selbst abhängt, nicht erfüllt.

Vesper vor dem Hochfest Peter und Paul, 28. Juni 2007

Paulus von Tarsus ... leuchtet in der Kirchengeschichte wie ein Stern erster Größe, und dies
nicht nur in der Geschichte der Urkirche. Der
hl. Johannes Chrysostomos preist ihn als eine
Persönlichkeit, die sogar viele Engel und Erzen-
gel übertrifft (vgl. Panegyrikos 7,3). Dante Ali-
ghieri lässt sich vom Bericht des Lukas in der
Apostelgeschichte (vgl. 9,15) inspirieren, wenn
er ihn in der Göttlichen Komödie »vaso di ele-
zione – Gefäß der Erwählung« nennt (Hölle
2,28), was »von Gott auserwähltes Werkzeug«
bedeutet. Andere haben ihn den »dreizehnten
Apostel« genannt – und in der Tat besteht er
selbst nachdrücklich darauf, ein echter Apostel
zu sein, da er vom Auferstandenen berufen
wurde – oder sogar »der Erste nach dem Einzigen«. Sicher ist er in der Anfangszeit der Kirche nach Jesus die Persönlichkeit, über die wir
am meisten wissen. Wir besitzen nämlich nicht
nur den Bericht des Lukas über ihn in der
Apostelgeschichte, sondern auch eine Reihe
von Briefen, die direkt aus seiner Hand stam-
men und uns unmittelbar seine Persönlichkeit
und sein Denken enthüllen.
Lukas teilt uns mit, dass sein ursprünglicher
Name »Saulus« lautete (vgl. Apg 7,58; 8,1 usw.),

auf hebräisch »Saul« (vgl. Apg 9,4.17; 22,7.13;
26,14), wie König Saul (vgl. Apg 13,21), und
dass er ein Diasporajude war, da die Stadt Tarsus an der Grenze zwischen Anatolien und
Syrien lag. Er war bereits sehr früh nach Jerusalem gegangen, um zu Füßen des großen
Rabbi Gamaliël das mosaische Gesetz genau
zu studieren (vgl. Apg 22,3). Er hatte auch ein
grobes Handwerk gelernt, das des Zeltma-
chers (vgl. Apg 18,3), was ihm später ermögli-
chen sollte, persönlich für seinen Lebensun-
terhalt aufzukommen, ohne den Gemeinden
zur Last zu fallen (vgl. Apg 20,34; 1 Kor 4,12;
2 Kor 12,13–14).

Generalaudienz, 25. Oktober 2006

Es war für Paulus ein entscheidender Moment, als er die Gemeinschaft derer kennen
lernte, die sich als Jünger Jesu bekannten. Von
ihnen erfuhr er von einem neuen Glauben –
einem neuen »Weg«, wie man sagte –, der
nicht so sehr das Gesetz Gottes in den Mittelpunkt stellte, als vielmehr die Person des gekreuzigten und auferstandenen Jesus, mit dem

nun die Vergebung der Sünden verbunden
wurde.

Als eifernder Jude hielt Saulus diese Botschaft
für unannehmbar, ja für skandalös und fühlte
sich daher verpflichtet, die Anhänger Christi
auch außerhalb Jerusalems zu verfolgen. Zu
Beginn der Dreißigerjahre des ersten Jahrhunderts wurde Saulus auf dem Weg nach Damaskus nach seinen eigenen Worten »von Christus ergriffen« (Phil 3,12). Während Lukas in
allen Einzelheiten von der Begebenheit berichtet – wie das Licht des Auferstandenen
Saulus berührt und sein ganzes Leben von
Grund auf verändert habe –, geht er selbst in
seinen Briefen sofort auf das Wesentliche ein
und spricht nicht nur von einer Vision (vgl. 1
Kor 9,1), sondern von einer Erleuchtung (vgl.
2 Kor 4,6) und vor allem von einer Offenbarung und Berufung in der Begegnung mit dem
Auferstandenen (vgl. Gal 1,15–16).

Tatsächlich wird er sich ausdrücklich als »be-
rufener Apostel« (vgl. Röm 1,1; 1 Kor 1,1) oder
»Apostel durch Gottes Willen« (2 Kor 1,1; Eph
1,1; Kol 1,1) bezeichnen, um damit gleichsam
zu betonen, dass seine Bekehrung nicht das
Ergebnis eines Denk- und Reflexionsprozes-

ses war, sondern die Frucht eines göttlichen Eingreifens, einer unvorhersehbaren göttlichen Gnade.

Von da an wurde nach seinen eigenen Worten alles, was vorher für ihn einen Gewinn darstellte, paradoxerweise zu Verlust und Unrat (vgl. Phil 3,7–10). Und von jenem Augenblick an stellte er alle seine Kräfte ausschließlich in den Dienst Jesu Christi und seines Evangeliums. Nun wird sein Leben das eines Apostels, der vorbehaltlos »allen alles werden« möchte (vgl. 1 Kor 9,22).

Daraus ergibt sich für uns eine sehr wichtige Lehre: Das, worauf es ankommt, ist, Jesus Christus in den Mittelpunkt des eigenen Lebens zu stellen, so dass unsere Identität im wesentlichen von der Begegnung, von der Gemeinschaft mit Christus und seinem Wort geprägt wird. In seinem Licht wird jeder andere Wert bewahrt und gleichzeitig von möglicherweise vorhandenen Unreinheiten befreit.

Generalaudienz, 25. Oktober 2006

In Rom, wo wir seine sterblichen Überreste bewahren und verehren, [hat Paulus] das äußerste Zeugnis des Blutes ablegen. So schrieb über ihn Clemens von Rom, mein Vorgänger auf diesem Apostolischen Stuhl am Ende des ersten Jahrhunderts: »Wegen Eifersucht und Streit hat Paulus den Beweis seiner Ausdauer erbracht... Er hatte die ganze Welt Gerechtigkeit gelehrt, war bis in den äußersten Westen vorgedrungen und hatte vor den Machthabern sein Zeugnis abgelegt, so wurde er weggenommen von dieser Welt und ging ein in den heiligen Ort, das größte Beispiel der Geduld« (An die Korinther, 5). Der Herr helfe uns, die Aufforderung in die Tat umzusetzen, die uns der Apostel in seinen Briefen hinterlassen hat: »Nehmt mich zum Vorbild, wie ich Christus zum Vorbild nehme« (1 Kor 11,1).

Generalaudienz, 25. Oktober 2006

Ein entscheidendes Element seines Wirkens und eines der wichtigsten Themen seines Denkens [ist] die Wirklichkeit der Kirche. Wir müssen vor allem feststellen, dass Paulus' erste Begegnung mit der Person Jesu durch das Zeugnis der christlichen Gemeinde von Jerusalem geschah. Es war eine heftige Begegnung. Kaum hatte er die neue Gruppe von Gläubigen kennen gelernt, wurde er sogleich zu ihrem leidenschaftlichen Verfolger. Das bekennt er selbst an drei Stellen in drei verschiedenen Briefen: »Ich habe die Kirche Gottes verfolgt«, schreibt er (vgl. 1 Kor 15,9; Gal 1,13; Phil 3,6), um gleichsam sein Verhalten als das schlimmste Verbrechen darzustellen.

Die Geschichte zeigt uns, dass man normalerweise durch die Kirche zu Jesus kommt! In gewissem Sinne bewahrheitete sich das, wie gesagt, auch bei Paulus, der vor der Begegnung mit Jesus zuerst der Kirche begegnete. Diese Begegnung war in seinem Fall jedoch kontraproduktiv; sie bewirkte keine Zustimmung, sondern heftige Ablehnung. Die Zustimmung zur Kirche wurde im Fall des Paulus von einem direkten Eingreifen Christi bestimmt, der sich, als er sich ihm auf dem Weg nach Damaskus offenbarte, mit der Kirche identifizierte und ihm zu verstehen gab, dass die Kirche zu verfolgen bedeutete, ihn, den Herrn, zu verfolgen. In der Tat sagte der

Auferstandene zu Paulus, dem Verfolger der
Kirche: »Saul, Saul, warum verfolgst du mich?«
(Apg 9,4). Indem er die Kirche verfolgte, ver-
folgte er Christus.

Generalaudienz, 22. November 2006

Vor seiner Bekehrung war Paulus keines-
wegs ein Mensch, der Gott und seinem Gesetz
fernstand. Im Gegenteil, er war ein streng-
gläubiger Jude, treu gegenüber den Vorschrif-
ten bis hin zum Fanatismus. Im Licht der Begegnung mit Christus verstand er jedoch, dass
er auf diese Weise versucht hatte, sich selbst
und seine eigene Gerechtigkeit aufzubauen,
und dass er mit dieser ganzen Gerechtigkeit
nur für sich selbst gelebt hatte.
Er verstand, dass eine neue Ausrichtung seines Lebens absolut notwendig war. Und diese
neue Ausrichtung finden wir in seinen Worten ausgedrückt: »Soweit ich aber jetzt noch in
dieser Welt lebe, lebe ich im Glauben an den
Sohn Gottes, der mich geliebt und sich für
mich hingegeben hat« (Gal 2,20).
Paulus lebt also nicht mehr für sich selbst und

für seine Gerechtigkeit. Er lebt aus Christus
und mit Christus, indem er sich selbst hingibt
und nicht mehr sich selbst sucht und die eigene Person aufbaut. Das ist die neue Gerechtigkeit, die neue Ausrichtung, die uns vom Herrn
und durch den Glauben geschenkt wird. Vor
dem Kreuz Christi, dem höchsten Ausdruck
seiner Selbsthingabe, gibt es niemanden, der
sich selbst und seine eigene, selbstgemachte
und für sich selbst geschaffene Gerechtigkeit
rühmen könnte!
An anderer Stelle erläutert Paulus diesen Gedanken, indem er in Anlehnung an Jeremia
schreibt: »Wer sich also rühmen will, der rüh-
me sich des Herrn« (1 Kor 1,31; vgl. Jer 9,22f.);
oder: »Ich aber will mich allein des Kreuzes
Jesu Christi, unseres Herrn, rühmen, durch
das mir die Welt gekreuzigt ist und ich der
Welt« (Gal 6,14).

Generalaudienz, 8. November 2006

Es ist mir ein Herzensanliegen, ... an das
Wort zu erinnern, das der hl. Benedikt in seiner Regel anführte, als er die Mönche ermahn-

*Mamertinischer Kerker unter der Kirche San Giuseppe
dei Falegnami in Rom, wo Paulus wahrscheinlich gefan-
gengehalten wurde.*

te, »der Liebe zu Christus nichts vorzuziehen«
(Kap. 4). In der Tat wurde Paulus durch seine
Bekehrung auf dem Weg nach Damaskus genau dazu veranlasst: Christus zum Mittelpunkt seines Lebens zu machen, indem er
alles hinter sich ließ zugunsten der erhabe-
nen Erkenntnis seiner Person und seines Ge-
heimnisses der Liebe, und indem er sich dafür
einsetzte, Ihn allen Menschen zu verkünden,
insbesondere den Heiden, zur Verherrlichung
seines Namens (vgl. Röm 1,5).

Die Begeisterung für Christus veranlasste ihn,
das Evangelium nicht nur mit Worten zu verkünden, sondern mit dem eigenen Leben, das
er immer mehr an seinem Herrn ausrichtete.
Schließlich verkündete Paulus den Messias
durch sein Martyrium, und sein Blut tränkte
zusammen mit dem des hl. Petrus und vieler
anderer Zeugen des Evangeliums diesen Boden und befruchtete die Kirche von Rom, die
in der universalen Gemeinschaft der Liebe
den Vorsitz innehat (vgl. hl. Ignatius von Antiochien, Ad Rom., Inscr.: Funk, I, 252).

Das 20. Jahrhundert war, wie wir alle wissen,
eine Zeit des Martyriums. Dies hat in besonderer Weise Papst Johannes Paul II. hervorge-

hoben, der die Kirche aufforderte, »das Marty-
rologium zu aktualisieren«, und der zahlrei-
che Märtyrer der jüngeren Geschichte selig-
und heiligsprach. Wenn also das Blut der Märtyrer der Same neuer Christen ist, dann können wir berechtigterweise zu Beginn des dritten Jahrtausends ein neues Wiedererstarken
der Kirche erwarten, vor allem dort, wo sie um
des Glaubens und der Verkündigung des
Evangeliums willen besonders gelitten hat.
Diesen Wunsch vertrauen wir der Fürsprache
des hl. Paulus an. Er erwirke der Kirche von
Rom und insbesondere ihrem Bischof sowie
dem ganzen Volk Gottes die Freude, allen
Menschen die Frohe Botschaft von Christus,
dem Erlöser, zu verkünden und zu bezeugen.

Predigt beim Besuch in der Patriarchalbasilika
St. Paul vor den Mauern, 25. April 2005

[Das] Martyrium [der hll. Petrus und Paulus]
gilt als die eigentliche Geburtsstunde der Kirche von Rom. Die beiden Apostel legten ihr
erhabenstes Zeugnis zeitlich und räumlich
nicht weit voneinander entfernt ab: Hier in

Rom wurde der hl. Petrus gekreuzigt und anschließend der hl. Paulus enthauptet. Ihr Blut vereinte sich also beinahe zu einem einzigen Zeugnis für Christus, was den hl. Irenäus, Bischof von Lyon, in der Mitte des zweiten Jahrhunderts dazu veranlasste, von der Kirche zu sprechen, »die von den beiden ruhmreichen Aposteln Petrus und Paulus zu Rom gegründet und gebaut ist« (Adversos haereses, III,3,2).

Kurze Zeit später rief Tertullian in Nordafrika aus: »O wie glücklich ist doch diese Kirche, in welche die Apostel die Fülle der Lehre mit ihrem Blute überströmen ließen« (De praescriptione haereticorum, 36). Gerade aus diesem Grund übt der Bischof von Rom, der Nachfolger des Apostels Petrus, ein besonderes Amt im Dienst der lehrmäßigen und pastoralen Einheit des Gottesvolkes in aller Welt aus.

Angelus, 29. Juni 2006

Wir gedenken dankbar dieser beiden Apostel [Petrus und Paulus], deren Blut zusammen mit dem vieler anderer Zeugen des Evangeliums

die Kirche von Rom befruchtet hat. ... Eine sehr
alte Überlieferung, die in die apostolische Zeit
zurückreicht, berichtet, dass nicht weit von diesem Ort ihre letzte Begegnung vor dem Martyrium stattgefunden habe: Die beiden hätten
sich umarmt und gegenseitig gesegnet. Auf
dem Hauptportal dieser Basilika sind sie beide
mit Szenen ihrer Martyrien dargestellt.
Die christliche Tradition hat also von Anfang
an Petrus und Paulus als voneinander untrennbar angesehen, auch wenn jeder von ihnen eine andere Sendung zu erfüllen hatte:
Petrus bekannte als erster den Glauben an
Christus, Paulus erhielt die Gabe, den Reichtum dieses Glaubens vertiefen zu können.
Petrus gründete die erste Gemeinde der Christen, die aus dem auserwählten Volk stammten, Paulus wurde der Apostel der Heiden.
Mit verschiedenen Charismen arbeiteten sie
für ein und dieselbe Sache: den Aufbau der
Kirche Christi. Im Stundengebet bietet uns die
Liturgie einen bekannten Text des hl. Augus-
tinus zur Betrachtung an: »Ein und derselbe
Tag ist dem Fest der beiden Apostel geweiht.
Aber auch diese beiden waren eins. Hätten sie
auch an verschiedenen Tagen gelitten, wären

sie dennoch eins gewesen. Petrus ging voraus, Paulus folgte... Wir feiern das Fest der Apostel, es ist uns heilig durch ihr Blut« (Serm. 295,7.8). Und der hl. Leo der Große kommentiert: »In ihren Verdiensten und Tugenden, die sich nicht in Worten ausdrücken lassen, dürfen wir keinerlei Unterschied annehmen; denn sie wurden auf gleiche Weise erwählt, ertrugen dieselben Leiden und fanden zusammen den Tod« (In natali apostol., 69,6–7).

Predigt bei der Feier der ersten Vesper
vor dem Hochfest Peter und Paul, 28. Juni 2007

Wie in den Anfangszeiten braucht Christus auch heute Apostel, die bereit sind, sich selber zu opfern. Er braucht Zeugen und Märtyrer wie den hl. Paulus: Einst ein gewalttätiger Christenverfolger, wechselte er, als er auf dem Weg nach Damaskus vom göttlichen Licht geblendet zu Boden stürzte, ohne Zögern auf die Seite des Gekreuzigten und folgte ihm, ohne es zu bereuen. Er lebte und arbeitete für Christus, für ihn litt und starb er. Wie zeitgemäß ist heute sein Vorbild!

Und aus diesem Grund freue ich mich, offiziell anzukündigen, dass wir vom 28. Juni
2008 bis 29. Juni 2009 dem Apostel Paulus
ein besonderes Jubiläumsjahr widmen werden, anlässlich der 2000-Jahrfeier seiner Geburt, die von den Historikern zwischen 7 und
10 nach Christus angesetzt wird.

Dieses »Paulus-Jahr« wird bevorzugt in Rom
stattfinden, wo seit zweitausend Jahren unter
dem Papstaltar dieser Basilika der Sarkophag
verwahrt wird, der nach übereinstimmender
Meinung der Fachleute und nach unbestrittener
Tradition die sterblichen Überreste des Apostels
Paulus enthält. In der Päpstlichen Basilika und
in der angrenzenden gleichnamigen Benedikti-
nerabtei werden daher eine Reihe liturgischer,
kultureller und ökumenischer Veranstaltungen
sowie auch verschiedene pastorale und soziale
Initiativen, die sich an der Spiritualität des Paulus inspirieren, stattfinden können.

Besondere Aufmerksamkeit soll außerdem den
Pilgerfahrten gelten: die aus verschiedenen Ge-
genden anreisenden Pilger werden im Geist der
Buße zum Grab des Apostels kommen, um spirituelle Erbauung zu finden. Gefördert werden
sollen auch Fachkongresse und spezielle Publi-

kationen über die paulinischen Texte, um den
unermesslichen Reichtum der in ihnen enthal-
tenen Lehre immer besser kennen zu lernen:
ein echtes Erbe der von Christus erlösten
Menschheit. Darüber hinaus sollen weltweit
ähnliche Initiativen in den Diözesen, in den
Heiligtümern und in den Gotteshäusern seitens
religiöser Institutionen durchgeführt werden,
die den Namen des hl. Paulus tragen oder sich
an seiner Gestalt und seiner Lehre inspirieren.
Schließlich gibt es noch einen Aspekt, der
während der verschiedenen Veranstaltungen
der dem Paulus gewidmeten 2000-Jahrfeier
mit ganz besonderer Aufmerksamkeit wahrge-
nommen werden soll: Ich beziehe mich auf die
ökumenische Dimension. Der Völkerapostel,
der sich besonders darum bemühte, die Frohe
Botschaft allen Völkern zu bringen, hat sich
vollkommen für die Einheit und Eintracht aller
Christen aufgeopfert. Möge er uns bei dieser
2000-Jahrfeier leiten, schützen und uns helfen, in der demütigen und aufrichtigen Suche
nach der vollen Einheit aller Glieder des mystischen Leibes Christi voranzuschreiten.

Predigt bei der Feier der ersten Vesper
vor dem Hochfest Peter und Paul, 28. Juni 2007

EINE BOTSCHAFT FÜR ALLE
IN EINER WELT OHNE GRENZEN

Der Völker- und Heidenapostel

Kehren wir noch einmal in die frühe Kirche zurück, bevor wir uns der Frage stellen: Kann die Begegnung mit dem Gott, der uns in Christus sein Gesicht gezeigt und sein Herz aufgetan hat, auch für uns mehr als »informativ«, nämlich »performativ« sein, das heißt das Leben umgestalten, so dass wir uns erlöst wissen durch die Hoffnung, die sie bedeutet. ... Das Christentum hatte keine sozialrevolutionäre Botschaft gebracht, etwa wie die, mit der Spartakus in blutigen Kämpfen gescheitert war. Jesus war nicht Spartakus, er war kein Befreiungskämpfer wie Barabbas oder Bar-Kochba. Was Jesus, der selbst am Kreuz gestorben war, gebracht hatte, war etwas ganz anderes: die Begegnung mit dem Herrn aller Herren, die Begegnung mit dem lebendigen Gott und so die Begegnung mit einer Hoffnung, die stärker war

als die Leiden der Sklaverei und daher von
innen her das Leben und die Welt umgestaltete.
Was neu geworden war, wird am deutlichsten
im Brief des heiligen Paulus an Philemon.
Dies ist ein ganz persönlicher Brief, den Paulus im Gefängnis schreibt und dem davongel-
aufenen Sklaven Onesimus für seinen Herrn
– eben Philemon – mitgibt. Ja, Paulus schickt
den zu ihm geflohenen Sklaven an seinen
Herrn zurück, nicht befehlend, sondern bit-
tend: »Ich bitte dich sehr für mein Kind Onesimus, dem ich im Gefängnis zum Vater geworden bin [...] Ich schicke ihn zu dir zurück,
das bedeutet mein eigenes Herz [...] Vielleicht
wurde er nur deshalb eine Weile von dir
getrennt, damit du ihn für ewig zurücker-
hältst, nicht mehr als Sklaven, sondern weit
mehr: als geliebten Bruder« (Phlm 10-16).
Die Menschen, die ihrem zivilen Status nach
sich als Herren und Sklaven gegenüberstehe-
hen, sind als Glieder der einen Kirche einander Brüder und Schwestern geworden – so
redeten sich die Christen an; sie waren durch
die Taufe neu geboren, mit dem gleichen Geist
getränkt und empfingen nebeneinander und
miteinander den Leib des Herrn. Das änderte,

auch wenn die äußeren Strukturen gleich blieben, von innen her die Gesellschaft.

Wenn der Hebräer-Brief davon redet, dass die
Christen hier keine bleibende Stadt haben,
sondern die künftige suchen (vgl. Hebr 11, 13-
16; Phil 3, 20), so ist dies alles andere als Ver-
tröstung auf die Zukunft: Die gegenwärtige
Gesellschaft wird von den Christen als unei-
gentliche Gesellschaft erkannt; sie gehören
einer neuen Gesellschaft zu, zu der sie miteinander unterwegs sind und die in ihrer Wan-
derschaft antizipiert wird.

Spe salvi, 4

Das eucharistische Geheimnis führt uns in
den Dialog mit den verschiedenen Kulturen,
fordert diese aber auch in gewissem Sinne
heraus. Man muss den interkulturellen Cha-
rakter dieses neuen Gottesdienstes, dieser *logiké latreía* anerkennen. Die Gegenwart Jesu
Christi und die Ausgießung des Heiligen Geistes sind Ereignisse, die beständig mit jeder
kulturellen Wirklichkeit in Beziehung treten
können, um sie mit dem Evangelium zu

durchsäuern. Das bringt konsequenterweise
die Verpflichtung mit sich, mit Überzeugung
die Evangelisierung der Kulturen zu fördern,
in dem Bewusstsein, dass Christus selbst die
Wahrheit jedes Menschen und der ganzen
Menschheitsgeschichte ist. Die Eucharistie
wird zum Wertmaßstab von allem, was der
Christ in den verschiedenen kulturellen Aus-
drucksformen antrifft. In diesem wichtigen
Prozess können wir die Aufforderung des hl.
Paulus im Ersten Brief an die Thessalonicher:
„Prüft alles, und behaltet das Gute!" (5,21) als
äußerst bedeutungsvoll erfahren.

Sacramentum caritatis, 78

In dieser Atmosphäre intensiver Gemeinschaft
... möchte ich die Brüder der anderen Kirchen
und kirchlichen Gemeinschaften grüßen, die
an dieser Feier teilnehmen, und damit die
bedeutsame Tradition erneuern, gemeinsam
die »Gebetswoche« an dem Tag abzuschließen,
an dem wir der überwältigenden Bekehrung
des hl. Paulus auf dem Weg nach Damaskus
gedenken.

Ich freue mich, hervorheben zu können, dass
kürzlich das Grab des Völkerapostels, an dem
wir stehen, eingehend untersucht worden ist
und infolge dieser Studien nun durch einen
geeigneten Eingriff unter dem Hochaltar für
die Pilger sichtbar gemacht wurde. Zu dieser
wichtigen Initiative spreche ich meinen Glück-
wunsch aus.

Der Fürsprache des hl. Paulus, eines unermüdlichen Baumeisters der Einheit der Kirche, vertraue ich die Früchte des Hinhörens
und des gemeinsamen Zeugnisses an, die wir
in den vielen brüderlichen Begegnungen und
den Dialogen sowohl mit den Kirchen des
Ostens wie auch mit den Kirchen und kirchlichen Gemeinschaften des Westens ... erleben
durften. Bei diesen Ereignissen konnten wir
die Freude der Brüderlichkeit erleben, aber
auch die Trauer über die bleibenden Spannungen, immer aber im Festhalten an der
Hoffnung, die der Herr in uns eingießt.

Wir danken all denen, die durch ihr Gebet,
durch die Aufopferung ihrer Leiden und durch
ihren unermüdlichen Einsatz zur Intensivie-
rung des ökumenischen Dialogs beigetragen
haben. Aus tiefster Seele danken wir vor allem

Benedikt XVI. am Grab des Apostels Paulus in der Basilika Sankt Paul vor den Mauern.

unserem Herrn Jesus Christus für alles. Möge
die Jungfrau Maria dazu beitragen, dass das
brennende Verlangen ihres göttlichen Sohnes
nach Einheit so bald wie möglich Wirklichkeit
werde: »Auf dass alle eins seien..., damit die
Welt glaubt« (Joh 17,21).

Vespergottesdienst am Fest der Bekehrung des hl. Paulus,
25. Januar 2007

An diesem Tag, an dem wir die Bekehrung des
Apostels Paulus feiern, sind wir zu dieser brüderlichen liturgischen Versammlung zusam-
mengekommen, um die diesjährige Gebetswoche für die Einheit der Christen abzuschließen. Es ist vielsagend, dass der Gedenktag der
Bekehrung des Völkerapostels zusammenfällt
mit dem Abschluss dieser bedeutsamen
Woche, in der wir Gott besonders nachdrücklich um die wertvolle Gabe der Einheit aller
Christen bitten, indem wir uns das Gebet zu
eigen machen, das Jesus selbst für seine Jünger zum Vater erhob: »Alle sollen eins sein:
Wie du, Vater, in mir bist und ich in dir bin,
sollen auch sie in uns sein, damit die Welt

glaubt, dass du mich gesandt hast« (Joh 17,21).
Das Streben jeder christlichen Gemeinschaft
und jedes einzelnen Gläubigen nach der Einheit und die Kraft, diese zu verwirklichen,
sind eine Gabe des Heiligen Geistes und müssen einhergehen mit einer immer tieferen
und radikaleren Treue zum Evangelium (vgl.
Enzyklika Ut unum sint, 15). Wir wissen, dass
die Grundlage der ökumenischen Bemühungen die Bekehrung des Herzens ist, wie es das
II. Vatikanische Konzil deutlich zum Ausdruck bringt: »Es gibt keinen echten Ökumenismus ohne innere Bekehrung. Denn aus
dem Neuwerden des Geistes, aus der Selbst-
verleugnung und aus dem freien Strömen der
Liebe erwächst und reift das Verlangen nach
der Einheit« (Dekret Unitatis redintegratio, 7).

*Vespergottesdienst am Fest der Bekehrung des hl. Paulus,
25. Januar 2007*

Das »Paulus-Jahr« [ist] eine wichtige Initiative der katholischen Kirche. Es ist ein Jubiläumsjahr, das der Erinnerung an den hl. Paulus zur Zweitausendjahrfeier seiner Geburt

gewidmet ist. Auch dies, dessen bin ich sicher, wird eine überaus günstige Gelegenheit sein, um Momente des Gebets, Studientreffen und Gesten der Brüderlichkeit zwischen Katholiken und Orthodoxen anzuregen. Möge der hl. Paulus, dieser große Künder des Evangeliums und unermüdlicher Baumeister der Einheit, uns helfen, der Stimme des Geistes zu folgen und die missionarische Glut zu erhalten, die seine gesamte Existenz entflammte.

Ansprache an eine Delegation des Ökumenischen Patriarchats von Konstantinopel, 29. Juni 2007

Eine ... grundlegende Lehre, die uns Paulus vermittelt, ist der universale Atem, der sein Apostolat auszeichnet. Als besonders dringlich empfand er das Problem des Zugangs der Heiden zu Gott, der in dem gekreuzigten und auferstandenen Jesus Christus allen Menschen ohne Ausnahme das Heil anbietet. Deshalb widmete er sich selbst der Aufgabe, dieses Evangelium, wörtlich die »gute Botschaft«, bekannt zu machen, das heißt die Botschaft der Gnade, die dazu bestimmt ist, den Menschen mit Gott, mit sich selbst und mit den anderen zu versöhnen. Er hatte vom ersten Augenblick an verstanden, dass dies eine Wirklichkeit ist, die nicht nur die Juden betraf oder eine bestimmte Personengruppe, sondern dass sie universale Bedeutung hatte und alle betraf, weil Gott der Gott aller ist.

Ausgangspunkt für seine Reisen war die Gemeinde von Antiochia in Syrien, wo zum ersten Mal das Evangelium den Griechen verkündet wurde und wo auch der Name »Christen« geprägt wurde (vgl. Apg 11,20.26), mit dem die gemeint sind, die an Christus glauben. Von dort brach er zunächst nach Zypern auf und reiste danach mehrmals in die Regionen Kleinasiens (Pisidien, Lykaonien, Galatien) und später nach Europa (Mazedonien, Griechenland). Die wichtigsten Städte waren Ephesus, Philippi, Thessalonich, Korinth, nicht zu vergessen Beröa, Athen und Milet.

Generalaudienz, 25. Oktober 2006

Das Apostolat des Paulus blieb nicht ver-
schont von Schwierigkeiten, die er aus Liebe
zu Christus mutig auf sich nahm. Er erwähnt
selbst, dass er »Mühsal ertrug ..., im Gefängnis war ..., geschlagen wurde, oft in Todesge-
fahr war ...: dreimal wurde ich ausgepeitscht,
einmal gesteinigt, dreimal erlitt ich Schiff-
bruch ... Ich war oft auf Reisen, gefährdet
durch Flüsse, gefährdet durch Räuber, gefährdet durch das eigene Volk, gefährdet durch
Heiden, gefährdet in der Stadt, gefährdet in
der Wüste, gefährdet auf dem Meer, gefährdet
durch falsche Brüder. Ich erduldete Mühsal
und Plage, durchwachte viele Nächte, ertrug
Hunger und Durst, häufiges Fasten, Kälte und
Blöße. Um von allem andern zu schweigen,
weise ich noch auf den täglichen Andrang zu
mir und die Sorge für alle Gemeinden hin« (2
Kor 11,23−38).
Aus einem Abschnitt des Römerbriefes (vgl.
15,24. 28) geht seine Absicht hervor, bis nach
Spanien, zur äußersten Grenze des Abendlan-
des, zu gelangen, um überall, bis an die Grenzen der damals bekannten Welt, das Evangelium zu verkünden. Wie sollte man einen
solchen Mann nicht bewundern? Wie sollte

man dem Herrn nicht dafür danken, dass er uns einen Apostel von diesem Format geschenkt hat? Es ist klar, dass es ihm nicht möglich gewesen wäre, so schwierigen und manchmal verzweifelten Situationen entgegenzutreten, wenn es nicht einen Grund von absolutem Wert gegeben hätte, angesichts dessen keine Grenze für unüberwindbar gehalten werden konnte. Für Paulus ist dieser Grund, wie wir wissen, Jesus Christus, von dem er schreibt: »Denn die Liebe Christi drängt uns ..., damit die Lebenden nicht mehr für sich leben, sondern für den, der für sie« – für uns, für alle – »starb und auferweckt wurde« (2 Kor 5,14–15).

Generalaudienz, 25. Oktober 2006

Das Fest der heiligen Apostel Petrus und Paulus ist zugleich ein dankbares Gedächtnis der großen Zeugen Jesu Christi und ein feierliches Bekenntnis zur einen, heiligen, katholischen und apostolischen Kirche. Es ist vor allem ein Fest der Katholizität. Das Zeichen von Pfingsten – die neue Gemeinschaft, die in allen

Sprachen spricht und alle Völker in einem
einzigen Volk, in einer Familie Gottes vereint
–, dieses Zeichen ist Wirklichkeit geworden. ...
Fremde sind zu Freunden geworden; jenseits
aller Grenzen erkennen wir uns als Brüder
und Schwestern an.
Damit ist die Mission des hl. Paulus erfüllt,
der wusste, dass »als Diener Christi Jesu unter
den Heiden zu sein ..., eine Opfergabe [dar-
stellt], die Gott gefällt, geheiligt im Heiligen
Geist« (Röm 15,16). Das Ziel der Mission ist
eine Menschheit, die selbst zu einer lebendigen Verherrlichung Gottes geworden ist, die
wahre Verehrung, die Gott erwartet: Das ist
der tiefste Sinn der Katholizität – einer Katholizität, die uns schon geschenkt wurde und zu
der wir uns doch immer wieder auf den Weg
machen müssen.
Katholizität ist nicht nur Ausdruck einer hori-
zontalen Dimension, also die Versammlung
vieler Menschen in der Einheit; sie drückt
auch eine vertikale Dimension aus: Nur dadurch, dass wir den Blick auf Gott richten, nur
dadurch, dass wir uns ihm öffnen, können wir
wirklich zu einer Einheit werden. ... Der große
Psalm der Passion, Psalm 22, dessen ersten

Vers »Mein Gott, mein Gott, warum hast Du mich verlassen?« Jesus am Kreuz laut gerufen hat, endet mit der Vision: »Alle Enden der Erde werden umkehren zum Herrn: Vor ihm werfen sich alle Stämme der Völker nieder« (Ps 22,28).

Als Petrus und Paulus nach Rom kamen, war der Herr, der diesen Psalm am Kreuz zu sprechen begonnen hatte, auferstanden; dieser Sieg Gottes musste nun allen Völkern verkündet werden, wodurch die Verheißung, mit der der Psalm schloss, erfüllt wurde.

Katholizität bedeutet Universalität – Vielfalt, die zur Einheit wird; Einheit, die dennoch Vielfalt bleibt. Aus dem Wort des Paulus über die Universalität der Kirche haben wir ... ablesen können, dass zu dieser Einheit die Fähigkeit der Völker zur Selbstüberwindung gehört, um auf den einzigen Gott zu blicken.

Predigt am Hochfest der hll. Apostel Petrus und Paulus,
29. Juni 2005

Wir haben gesagt, dass die Katholizität der
Kirche und die Einheit der Kirche zusammen-
gehören. Die Tatsache, dass beide Dimensio-
nen für uns in den Gestalten der heiligen
Apostel sichtbar werden, weist uns bereits auf
das nächste Wesensmerkmal der Kirche hin:
Sie ist apostolisch. Was bedeutet das? Der
Herr hat – so wie es zwölf Söhne Jakobs gab –
zwölf Apostel eingesetzt und sie damit zu
Stammvätern des Volkes Gottes gemacht, das
nunmehr universal geworden ist und von da
an alle Völker umfasste.

Der hl. Markus sagt uns, Jesus habe die Apostel berufen, weil »er sie bei sich haben und
dann aussenden wollte« (Mk 3,14). Das scheint
ein Widerspruch zu sein. Wir würden sagen:
Entweder bleiben sie bei ihm oder sie werden
ausgesandt und machen sich auf den Weg.
Vom heiligen Papst Gregor dem Großen gibt
es ein Wort über die Engel, das uns hilft, den
Widerspruch aufzulösen. Er sagt, dass die
Engel immer ausgesandt werden und gleichzeitig immer vor Gott stehen, und er fährt fort:
»Wohin auch immer sie gesandt werden, wohin sie auch gehen, sie gehen immer in Gott«
(Homilie 34,13).

Das Buch der Offenbarung hat die Bischöfe als
»Engel« ihrer Kirche bezeichnet, und wir können dies daher folgendermaßen übertragen:
Die Apostel und ihre Nachfolger sollten immer
bei ihrem Herrn sein und genauso – wohin sie
auch gehen – immer in Gemeinschaft mit ihm
sein und aus dieser Gemeinschaft leben.

Predigt am Hochfest der hll. Apostel Petrus und Paulus,
29. Juni 2005

Ich danke Gott, der mir zu Beginn meines
Dienstes als Nachfolger Petri ermöglicht, im
Gebet am Grab des Apostels Paulus zu verwei-
len. Dies ist eine von mir tief ersehnte Pilgerfahrt, eine Geste des Glaubens, die ich in meinem eigenen Namen tue, aber auch im Namen
der geliebten Diözese Rom, zu deren Bischof
und Hirten mich der Herr eingesetzt hat, sowie im Namen der Universalkirche, die meiner pastoralen Sorge anvertraut ist.
Es ist gewissermaßen eine Pilgerfahrt zu den
Wurzeln der Mission, jener Mission, die der
auferstandene Christus dem Petrus, den Aposteln und in besonderer Weise auch Paulus

übertrug. Er bewegte ihn dazu, den Völkern
das Evangelium zu überbringen, wobei er
schließlich hier in diese Stadt gelangte, in der
er, nachdem er lange das Reich Gottes verkündet hatte (vgl. Apg 28,31), mit seinem Blut das
äußerste Zeugnis für seinen Herrn ablegte,
der ihn »ergriffen« (Phil 3,12) und gesandt
hatte.

Noch bevor ihn die göttliche Vorsehung nach
Rom führte, schrieb der Apostel den Christen
dieser Stadt, der Hauptstadt des Reiches, seinen in lehrmäßiger Hinsicht wichtigsten Brief.
... Dessen erster Teil [ist] ein bedeutungsdich-
tes Vorwort, in dem der Apostel die Gemeinde
von Rom grüßt und sich dabei als »Knecht
Christi Jesu, berufen zum Apostel« vorstellt
(Röm 1,1). Und etwas später fügt er hinzu:
»Durch ihn [Christus] haben wir Gnade und
Apostelamt empfangen, um in seinem Namen
alle Heiden zum Gehorsam des Glaubens zu
führen« (Röm 1,5).

Liebe Freunde, als Nachfolger Petri bin ich
hier, um im Glauben diese »Gnade des Apostolats« wiederzubeleben, denn Gott hat mir
gemäß einem anderen Wort des Völkerapostels »die Sorge für die Gemeinden« (2 Kor

Paulus führt den hl. Damian zu Christus, Apsismosaik in der Kirche Santi Cosma e Damiano in Rom

11,28) anvertraut. Wir haben das Beispiel meines geliebten und verehrten Vorgängers Johannes Paul II. vor Augen, dessen so inten-
sives Wirken, für das mehr als hundert
Apostolische Reisen außerhalb der Grenzen
Italiens Zeugnis geben, wirklich unnachahm-
lich ist.

Was bewegte ihn zu einer solchen Dynamik,
wenn nicht eben jene Liebe zu Christus, die
auch das Leben des hl. Paulus verwandelte
(vgl. 2 Kor 5,14)? Der Herr möge auch in mir
eine solche Liebe nähren, damit ich mich rast-
los einsetze für die so dringend notwendige
Verkündigung des Evangeliums in der Welt
von heute. Die Kirche ist ihrem Wesen nach
missionarisch, ihre vorrangige Aufgabe ist die
Evangelisierung.

Predigt beim Besuch in der Patriarchalsbasilika
St. Paul vor den Mauern, 25. April 2005

Erlauben Sie mir ..., in Erinnerung an die ersten christlichen Gemeinden, die in diesem
Land [die Türkei] gewachsen sind, und vor
allem an den Apostel Paulus, der selbst meh-

rere von ihnen gegründet hat, seine Worte an die Galater zu zitieren. Er sagt: »Ihr seid zur Freiheit berufen, Brüder. Nur nehmt die Freiheit nicht zum Vorwand für das Fleisch, sondern dient einander in Liebe« (Gal 5,13).

Die Freiheit ist, einander zu dienen. Ich möchte dem Wunsch Ausdruck verleihen, dass das Verständnis unter den Nationen ... immer mehr dazu beitragen möge, die Menschlichkeit des Menschen, der nach dem Bild Gottes geschaffen ist, wachsen zu lassen. Ein so edles Ziel erfordert das Zusammenwirken aller. Darum beabsichtigt die katholische Kirche, ihre Zusammenarbeit mit der orthodoxen Kirche zu verstärken. ... Wie das II. Vatikanische Konzil hervorhob, sucht die Kirche in gleicher Weise mit den Gläubigen und Verantwortlichen aller Religionen zusammenzuarbeiten, und insbesondere mit den Muslimen, um »gemeinsam einzutreten für Schutz und Förderung der sozialen Gerechtigkeit, der sittlichen Güter und nicht zuletzt des Friedens und der Freiheit für alle Menschen« (Nostra aetate, 3).

Ansprache an das Diplomatische Korps während der Apostolischen Reise in die Türkei, 28. November 2006

In der Ersten Lesung haben wir das gehört,
was man als das »Evangelium« des Völkerapostels bezeichnen kann: Alle, auch die Heiden, sind in Christus berufen, in ganzer Fülle
am Heilsgeheimnis teilzuhaben. Im Besonde-
ren enthält der Text den Satz, den ich als Mot-
to für meine Apostolische Reise gewählt habe:
»Er, Christus, ist unser Friede« (Eph 2,14). Vom
Heiligen Geist inspiriert, sagt Paulus nicht
nur, dass Jesus Christus uns den Frieden
gebracht hat, sondern dass er unser Friede
»ist«. Und er rechtfertigt diese Aussage durch
Bezugnahme auf das Geheimnis des Kreuzes
und sagt: Indem er »sein Blut« vergoss und seinen Leib als Opfer darbrachte, hat Jesus »in
seiner Person die Feindschaft getötet« und
»die zwei in seiner Person zu dem einen neuen
Menschen« gemacht (vgl. Eph 2,13-16).
Der Apostel erläutert, auf welch wahrhaft un-
vorhersehbare Weise sich der messianische
Friede in der Person Christi selbst und seinem
Heilsgeheimnis verwirklicht hat. Er erläutert
dies, während er sich in Gefangenschaft be-
findet, in einem Brief an die christliche Gemeinde, die hier in Ephesus lebte: »an die Heiligen in Ephesus, die an Christus Jesus glau-

ben« (Eph 1,1), wie er in der Anschrift des Briefes sagt.

Ihnen wünscht der Apostel »Gnade ... und Friede von Gott, unserem Vater, und dem Herrn Jesus Christus« (Eph 1,2). »Gnade« ist die Kraft, die den Menschen und die Welt verwandelt; »Friede« ist die reife Frucht dieser Verwandlung. Christus ist die Gnade; Christus ist der Friede.

Paulus weiß sich dazu gesandt, ein »Geheimnis« zu verkünden, einen göttlichen Plan, der sich erst in der Fülle der Zeiten, in Christus, verwirklicht und offenbart hat: »dass nämlich die Heiden Miterben sind, zu demselben Leib gehören und an derselben Verheißung in Christus Jesus teilhaben durch das Evangelium« (Eph 3,6). Dieses »Geheimnis« verwirklicht sich auf heilsgeschichtlicher Ebene in der Kirche, jenem neuen Volk, in welchem sich, nachdem die alte trennende Wand niedergerissen wurde, Juden und Heiden in Einheit wiederfinden. Wie Christus, so ist auch die Kirche nicht nur Werkzeug der Einheit, sondern auch deren wirksames Zeichen.

Eucharistiefeier beim Marienheiligtum »Meryem Ana Evì«
in Ephesus, 29. November 2006

In Europa müssen wir – bei aller Offenheit
gegenüber den anderen Religionen und ihrem
Beitrag zur Kultur – unsere Bemühungen ver-
einen, die christlichen Wurzeln, Traditionen
und Werte zu bewahren, die Achtung der
Geschichte zu gewährleisten sowie zur Kultur
des künftigen Europa, zur Qualität der
menschlichen Beziehungen auf allen Ebenen,
beizutragen. Wie könnten wir in diesem Zusammenhang die ältesten christlichen Zeugen
und das hervorragende christliche Erbe des
Landes, in dem unsere Begegnung stattfindet,
unerwähnt lassen – angefangen bei dem, was
uns die Apostelgeschichte mitteilt, wenn sie
uns die Gestalt des hl. Paulus, des Völkerapostels, vor Augen führt.
Auf diesem Boden sind die Botschaft des
Evangeliums und die antike Kulturtradition
miteinander verwachsen. Diese Verbindung,
die soviel zu unserem gemeinsamen christlichen Erbe beigetragen hat, bleibt aktuell und
wird auch in Zukunft noch Früchte tragen für
die Evangelisierung und für unsere Einheit.

Gemeinsame Erklärung von Papst Benedikt XVI.
und Patriarch Bartholomaios I.

Lukas ... überliefert ... in der Apostelgeschichte ...: Paulus beginnt seine Mission immer in der Synagoge, bei den Erstgeladenen, und erst, wenn da die Maßgebenden abgesagt haben und nur eine kleine Schar von Armen geblieben ist, geht er hinaus zu den Heiden. So wird das Evangelium durch diesen immer neuen Kreuzigungsvorgang hindurch universal, ergreift das Ganze, schließlich bis nach Rom.

Paulus ruft in Rom die Vorsteher der Synagoge zu sich, verkündet ihnen das Geheimnis Jesu Christi, das Reich Gottes in dessen Person. Aber die maßgebenden Teile sagen ab, und er verabschiedet sie mit den Worten: Nun, da ihr nicht hört, wird diese Botschaft den Heiden verkündet, und sie werden hören.

Mit dieser großen Zuversicht endet die Botschaft vom Scheitern: Sie werden hören; die Kirche der Heiden wird sich bilden. Und sie hat sich gebildet und bildet sich noch immer. In den Ad-limina-Besuchen höre ich viel Schweres und Mühsames, aber immer – gerade aus der Dritten Welt – auch dieses, dass die Menschen hören, dass sie kommen, dass auch heute auf den Straßen an den Enden der Erde die Botschaft ankommt und die Menschen im

Gottessaal zu seinem Festmahl zusammen-
strömen.

So sollten wir uns fragen: Was bedeutet dies
alles für uns? Zuerst einmal die Gewissheit:
Gott scheitert nicht. Er »scheitert« ständig,
aber gerade darum scheitert er nicht, denn er
macht daraus neue Möglichkeiten größeren
Erbarmens, und seine Phantasie ist uner-
schöpflich. Er scheitert nicht, weil er immer
neue Weisen findet, zu den Menschen zu gehen und sein großes Haus weiter zu öffnen,
dass es ganz voll werde. Er scheitert nicht,
weil er nicht davor zurückschreckt, die Menschen zu drängen, dass sie kommen und sich
an seinen Tisch setzen sollen, das Mahl der
Armen einzunehmen, in dem die köstliche
Gabe, Gott selbst, geschenkt wird. Gott scheitert nicht, auch heute nicht. Selbst wenn wir
so viel Nein erleben, dürfen wir es wissen.
Aus dieser ganzen Gottesgeschichte, von Adam
an, können wir erkennen: Er scheitert nicht.
Auch heute wird er neue Wege finden, Menschen zu rufen, und möchte uns als seine
Boten und Diener dabei haben.

Predigt bei der Messe mit den Schweizer Bischöfen,
7. November 2006

EIN VISIONÄR UND PROPHET ZWISCHEN HIMMEL UND ERDE

Die Berufung durch Christus

Im Brief des Paulus an die Epheser [kann man] lesen, dass es darauf ankommt, »Christus zu lernen« (vgl. Eph 4,20), also nicht nur und nicht in erster Linie seine Lehre, seine Worte zu hören, sondern vielmehr ihn persönlich, also sein Menschsein und seine Göttlichkeit, sein Geheimnis und seine Schönheit kennen zu lernen. Denn er ist nicht nur ein Lehrmeister, sondern ein Freund, ja ein Bruder. Wie könnten wir ihn wirklich kennen lernen, wenn wir fern von ihm blieben? Die enge Beziehung, die Verbundenheit, die Vertrautheit lassen uns die wahre Identität Jesu Christi entdecken.

Generalaudienz, 6. September 2006

Auch im Bereich der Urkirche war die Präsenz der Frauen alles andere als zweitrangig. Wir halten uns nicht bei den nicht namentlich genannten vier Töchtern des »Diakons« Philippus auf, die in Cäsarea wohnten und die, wie der hl. Lukas sagt, alle »prophetisch begabt« waren, das heißt, die Fähigkeit besaßen, öffentlich unter der Einwirkung des Heiligen Geistes zu reden (vgl. Apg 21,9).

Die Kürze der Angabe erlaubt keine genaueren Schlussfolgerungen. Vielmehr verdanken wir dem hl. Paulus eine umfassendere Dokumentation über die Würde und die Rolle der Frau in der Kirche. Er geht von dem grundsätzlichen Prinzip aus, nach welchem es für die Getauften nicht nur »nicht mehr Juden und Griechen, nicht Sklaven und Freie« gibt, sondern auch »nicht Mann und Frau«. Der Grund dafür ist, dass »wir alle ›einer‹ sind in Christus Jesus« (Gal 3,28), das heißt, wir sind alle eins in derselben grundlegenden Würde, wenngleich jeder mit seinen spezifischen Aufgaben (vgl. 1 Kor 12,27–30).

Der Apostel nimmt es als etwas Normales an, dass in der christlichen Gemeinde die Frau »prophetisch reden« kann (1 Kor 11,5), dass sie sich also offen unter dem Einfluss des Geistes ausdrücken kann, wenn dies zur Erbauung der Gemeinde dient und auf würdevolle Weise geschieht. Daher muss die folgende, wohl bekannte Ermahnung, wonach »die Frauen in der Versammlung schweigen sollen« (1 Kor 14,34), wohl relativiert werden. ... Noch einige weitere Besonderheiten dürfen nicht vernachlässigt werden. Es ist zum Beispiel notwendig festzuhalten, dass der kurze Brief an Philemon von Paulus in Wirklichkeit auch an eine Frau namens »Aphia« adressiert wurde (vgl. Philemon 2). Lateinische und syrische Übersetzungen des griechischen Textes fügen diesem Namen »Aphia« den Beinamen »soror carissima«, liebste Schwester, hinzu (ebd.); und es muss gesagt werden, dass sie in der Gemeinde von Kolossä eine bedeutende Stellung eingenommen haben muss; auf jeden Fall ist sie die einzige Frau, die von Paulus unter den Adressaten eines seiner Briefe genannt wird.

An anderer Stelle nennt der Apostel eine gewisse »Phöbe«, die er als »diákonos« der Kirche von Kenchreä, der kleinen Hafenstadt östlich von Korinth, bezeichnet (vgl. Röm 16,

1–2). Obwohl dieser Titel in jener Zeit noch
keinen spezifischen Wert eines hierarchi-
schen Amtstitels hatte, bringt er zum Ausdruck, dass von dieser Frau eine wahrhaft ver-
antwortungsvolle Aufgabe für jene christliche
Gemeinde ausgeübt wurde. Paulus empfiehlt,
sie herzlich aufzunehmen und ihr »in jeder
Sache beizustehen, in der sie euch braucht«;
dann fügt er hinzu: »sie selbst hat vielen, da-
runter auch mir, geholfen«.
In demselben Briefkontext erwähnt der Apostel mit Zügen von Zärtlichkeit weitere Namen
von Frauen: eine gewisse Maria, dann Tryphä-
na, Tryphosa und »die liebe« Persis und außerdem Julia, von denen er offen schreibt,
dass sie »für euch« oder »für den Herrn viel
Mühe auf sich genommen haben« (Röm 16, 6.
12a.12b.15); auf diese Weise hebt er ihr star-
kes kirchliches Engagement hervor. In der
Kirche von Philippi mussten sich dann zwei
Frauen namens »Evodia und Syntyche« auszeichnen (Phil 4,2): Der Aufruf, den Paulus
zur gegenseitigen Eintracht macht, lässt erkennen, dass die beiden Frauen eine bedeutende Funktion in jener Gemeinde ausübten.
Um das Wesentliche festzuhalten: Die Ge-

schichte des Christentums hätte eine ganz andere Entwicklung genommen, hätte es nicht den hochherzigen Beitrag vieler Frauen gegeben. Deshalb »sagt die Kirche«, wie mein verehrter und lieber Vorgänger Johannes Paul II. in dem Apostolischen Schreiben Mulieris dignitatem schrieb, »Dank für alle Frauen und für jede Einzelne ... Die Kirche sagt Dank für alle Äußerungen des weiblichen ›Geistes‹, die sich im Laufe der Geschichte bei allen Völkern und Nationen gezeigt haben; sie sagt Dank für alle Gnadengaben, mit denen der Heilige Geist die Frauen in der Geschichte des Gottesvolkes beschenkt, für alle Siege, die sie dem Glauben, der Hoffnung und der Liebe von Frauen verdankt: Sie sagt Dank für alle Früchte fraulicher Heiligkeit« (Nr. 31).

Wie man sieht, gilt dieses Lob den Frauen im Verlauf der Geschichte der Kirche und wird im Namen der ganzen kirchlichen Gemeinschaft zum Ausdruck gebracht. Auch wir schließen uns dieser Wertschätzung an und danken dem Herrn dafür, dass er seine Kirche durch die Generationen hindurch leitet, wobei er sich unterschiedslos solcher Männer und Frauen bedient, die ihren Glauben und ihre

Taufe für das Wohl des gesamten Leibes der
Kirche fruchtbar zu machen wissen, zur größeren Ehre Gottes.

Generalaudienz, 14. Februar 2007

»Spe salvi facti sumus« – auf Hoffnung hin
sind wir gerettet, sagt Paulus den Römern und
uns (Röm 8,24). Die »Erlösung«, das Heil ist
nach christlichem Glauben nicht einfach da.
Erlösung ist uns in der Weise gegeben, dass
uns Hoffnung geschenkt wurde, eine verlässli-
che Hoffnung, von der her wir unsere Gegenwart bewältigen können: Gegenwart, auch
mühsame Gegenwart, kann gelebt und angenommen werden, wenn sie auf ein Ziel zuführt
und wenn wir dieses Ziels gewiss sein können;
wenn dies Ziel so groß ist, dass es die Anstrengung des Weges rechtfertigt. Nun drängt sich
sogleich die Frage auf: Welcher Art ist denn
diese Hoffnung, die es gestattet zu sagen, von
ihr her und weil es sie gibt, seien wir erlöst?
Und welcher Art Gewissheit gibt es da? ...
Hoffnung ist in der Tat ein Zentralwort des
biblischen Glaubens; so sehr, dass die Wörter

Glaube und Hoffnung an verschiedenen Stellen als austauschbar erscheinen. So verbindet der Brief an die Hebräer die »Fülle des Glaubens« (10,22) und »das unwandelbare Bekenntnis der Hoffnung« (10,23) ganz eng miteinander. Auch wenn der Erste Petrus-Brief die Christen dazu auffordert, jederzeit zur Antwort bereit zu sein über den Logos – den Sinn und Grund – ihrer Hoffnung (vgl. 3,15), ist »Hoffnung« gleichbedeutend mit »Glaube«. Wie sehr die Beschenkung mit einer verlässlichen Hoffnung das Bewusstsein der frühen Christen bestimmte, zeigt sich auch, wo die christliche Existenz mit dem Leben vor dem Glauben oder der Situation der Anhänger anderer Religionen verglichen wird. Paulus erinnert die Epheser daran, wie sie vor ihrer Begegnung mit Christus »ohne Hoffnung und ohne Gott in der Welt« waren (Eph 2,12). Natürlich weiß er, dass sie Götter hatten, dass sie Religion hatten, aber ihre Götter waren fragwürdig geworden, und von ihren widersprüchlichen Mythen ging keine Hoffnung aus. Trotz der Götter waren sie »ohne Gott« und daher in einer dunklen Welt, vor einer dunklen Zukunft. »In nihil ab nihilo quam cito recidimus«

(Wie schnell fallen wir vom Nichts ins Nichts zurück) heißt eine Grabschrift jener Zeit, in der das Bewusstsein unbeschönigt erscheint, auf das Paulus anspielt. Im gleichen Sinn sagt er zu den Thessalonichern: Ihr sollt nicht traurig sein »wie die anderen, die keine Hoffnung haben« (1 Thess 4,13). Auch hier erscheint es als das Unterscheidende der Christen, dass sie Zukunft haben: Nicht als ob sie im Einzelnen wüssten, was ihnen bevorsteht; wohl aber wissen sie im Ganzen, dass ihr Leben nicht ins Leere läuft. Erst wenn Zukunft als positive Realität gewiss ist, wird auch die Gegenwart lebbar. So können wir jetzt sagen: Christentum war nicht nur »gute Nachricht« – eine Mitteilung von bisher unbekannten Inhalten. Man würde in unserer Sprache sagen: Die christliche Botschaft war nicht nur »informativ«, sondern »performativ« – das heißt: Das Evangelium ist nicht nur Mitteilung von Wissbarem; es ist Mitteilung, die Tatsachen wirkt und das Leben verändert. Die dunkle Tür der Zeit, der Zukunft, ist aufgesprengt. Wer Hoffnung hat, lebt anders; ihm ist ein neues Leben geschenkt worden. ...
Worin besteht diese Hoffnung, die als Hoff-

Kreuzgang der Basilika Sankt Paul vor den Mauern

nung »Erlösung« ist? Nun, der Kern der Antwort ist in der eben angeführten Stelle aus dem Epheser-Brief angegeben: Die Epheser waren vor der Begegnung mit Christus hoffnungslos, weil sie »ohne Gott in der Welt« waren. Gott kennen lernen – den wahren Gott, das bedeutet Hoffnung empfangen. Für uns, die wir seit je mit dem christlichen Gottesbegriff leben und ihm gegenüber abgestumpft sind, ist der Besitz der Hoffnung, der von der realen Begegnung mit diesem Gott ausgeht, kaum noch wahrnehmbar.

Spe salvi, 1-3

Bei den allermeisten – so dürfen wir annehmen – bleibt ein letztes und innerstes Offenstehen für die Wahrheit, für die Liebe, für Gott im Tiefsten ihres Wesens gegenwärtig. Aber es ist in den konkreten Lebensentscheidungen überdeckt von immer neuen Kompromissen mit dem Bösen – viel Schmutz verdeckt das Reine, nach dem doch der Durst geblieben ist und das doch auch immer wieder über allem Niedrigen hervortritt und in der Seele gegenwärtig bleibt. Was geschieht mit solchen Menschen, wenn sie vor den Richter hintreten? Ist all das Unsaubere, das sie in ihrem Leben angehäuft haben, plötzlich gleichgültig? Oder was sonst?

Der heilige Paulus gibt uns im Ersten Korinther-Brief eine Vorstellung von der unterschiedlichen Weise, wie Gottes Gericht auf den Menschen je nach seiner Verfassung trifft. Er tut es in Bildern, die das Unanschaubare irgendwie ausdrücken wollen, ohne dass wir diese Bilder auf den Begriff bringen könnten – einfach weil wir in die Welt jenseits des Todes nicht hineinschauen können und von ihr keine Erfahrung haben.

Zunächst sagt Paulus über die christliche Existenz, dass sie auf einen gemeinsamen Grund gebaut ist: Jesus Christus. Dieser Grund hält stand. Wenn wir auf diesem Grund stehen geblieben sind, auf ihm unser Leben gebaut haben, wissen wir, dass uns auch im Tod dieser Grund nicht mehr weggezogen werden kann. Dann fährt Paulus weiter: »Ob aber jemand auf dem Grund mit Gold, Silber, kostbaren Steinen, mit Holz, Heu oder Stroh weiterbaut: das Werk eines jeden wird offenbar werden;

jener Tag wird es sichtbar machen, weil es im
Feuer offenbart wird. Das Feuer wird prüfen,
was das Werk eines jeden taugt. Hält das
stand, was er aufgebaut hat, so empfängt er
Lohn. Brennt es nieder, dann muss er den Verlust tragen. Er selbst aber wird gerettet werden, doch so wie durch Feuer hindurch« (3,12-
15).
In diesem Text zeigt sich auf jeden Fall, dass
die Rettung der Menschen verschiedene Formen haben kann; dass manches Aufgebaute
niederbrennen kann; dass der zu Rettende
selbst durch »Feuer« hindurchgehen muss,
um endgültig gottfähig zu werden, Platz nehmen zu können am Tisch des ewigen Hoch-
zeitsmahls.

Spe salvi, 46

Unser Blick [richtet sich] auf den hl. Paulus,
dessen sterbliche Überreste in dieser Basilika
mit großer Verehrung aufbewahrt werden. Am
Beginn des Briefes an die Römer grüßt er ...
die Gemeinde von Rom und stellt sich vor als
»Knecht Christi Jesu, berufen zum Apostel«

(1,1). Er verwendet das Wort Knecht, grie-
chisch doulos, das auf eine Beziehung der völ-
ligen und bedingungslosen Zugehörigkeit zu
Jesus, dem Herrn, hinweist und eine Überset-
zung des hebräischen 'ebed ist, also eine
Anspielung auf die großen Knechte, die Gott
für eine wichtige und besondere Sendung
auserwählt und berufen hat.

Paulus ist sich bewusst, »zum Apostel berufen« zu sein, das heißt, er ist Apostel weder
aufgrund einer Selbstkandidatur noch eines
menschlichen Auftrags, sondern einzig und
allein durch göttliche Berufung und Erwählung. In seiner Briefsammlung wiederholt der
Völkerapostel mehrmals, dass alles in seinem
Leben Frucht der ungeschuldeten und barmherzigen Initiative Gottes ist (vgl. 1 Kor 15,9–
10; 2 Kor 4,1; Gal 1,15). Er wurde auserwählt,
»das Evangelium Gottes zu verkündigen« (Röm
1,1), die Botschaft von der göttlichen Gnade zu
verbreiten, die den Menschen in Christus mit
Gott, mit sich selbst und mit den anderen versöhnt.

Vesper vor dem Hochfest Peter und Paul, 28. Juni 2007

Wir entdecken, dass für den Christen der Geist nicht mehr nur der »Geist Gottes« ist, wie es gewöhnlich im Alten Testament heißt und im christlichen Sprachgebrauch beibehalten wird (vgl. Gen 41,38; Ex 31,3; 1 Kor 2, 11. 12; Phil 3,3; usw.). Und ebenso wenig ist er nur ein im allgemeinen Sinne verstandener »heiliger Geist«, nach der Ausdrucksweise des Alten Testaments (vgl. Jes 63,10.11; Ps 51,13) und der Schriften des Judentums (Qumran, rabbinische Lehre). Zur Besonderheit des christlichen Glaubens gehört in der Tat das Bekenntnis einer ursprünglichen Mitteilung dieses Geistes seitens des auferstandenen Herrn, der selbst »lebendigmachender Geist« geworden ist (1 Kor 15,45).

Gerade deshalb spricht der hl. Paulus unmittelbar vom »Geist Christi« (Röm 8,9), vom »Geist des Sohnes« (Gal 4,6) oder vom »Geist Jesu Christi« (Phil 1,19). Es ist, als wollte er sagen, dass nicht nur Gott Vater im Sohn sichtbar ist (vgl. Joh 14,9), sondern dass auch der Geist Gottes im Leben und im Wirken des gekreuzigten und auferstandenen Herrn zum Ausdruck kommt!

Generalaudienz, 15. November 2006

Es gibt ... einen ... charakteristischen Aspekt des Geistes, den uns der hl. Paulus erklärt: seine Verbindung mit der Liebe. So schreibt der Apostel: »Die Hoffnung aber lässt nicht zugrunde gehen; denn die Liebe Gottes ist ausgegossen in unsere Herzen durch den Heiligen Geist, der uns gegeben ist« (Röm 5,5).

In meiner Enzyklika *Deus caritas est* habe ich einen sehr ausdrucksstarken Satz des hl. Augustinus zitiert: »Wenn du die Liebe siehst, siehst du die Heiligste Dreifaltigkeit« (Nr. 19), und habe weiter erklärt: »Der Geist ist nämlich die innere Kraft, die das Herz [der Gläubigen] mit dem Herzen Christi in Einklang bringt und sie bewegt, die Mitmenschen so zu lieben, wie er sie geliebt hat« (ebd.). Der Geist führt uns ein in den Rhythmus des göttlichen Lebens, das ein Leben der Liebe ist, und lässt uns so persönlich an den Beziehungen zwischen Vater und Sohn teilhaben.

Es ist nicht ohne Bedeutung, dass Paulus, als er die verschiedenen Früchte des Geistes aufzählt, an die erste Stelle die Liebe setzt: »Die Frucht des Geistes ist Liebe, Freude, Friede usw.« (Gal 5,22). Und da die Liebe von ihrem Wesen her vereint, heißt dies vor allem, dass

der Geist innerhalb der christlichen Gemeinde
Schöpfer von Gemeinschaft ist, wie wir zu Beginn der heiligen Messe mit einem Wort des
Paulus sagen: »... die Gemeinschaft des Heiligen Geistes [das heißt, jene Gemeinschaft, die
von ihm bewirkt wird] sei mit euch« (2 Kor
13,13).

Andererseits ist es jedoch auch wahr, dass
uns der Geist dazu anspornt, Beziehungen der
Liebe zu anderen Menschen zu knüpfen. Wenn
wir also lieben, geben wir dem Geist Raum,
gestatten wir ihm, vollkommenen Ausdruck
zu finden. So versteht man, warum Paulus im
selben Kapitel des Römerbriefes die beiden
Ermahnungen nebeneinander stellt: »Lasst euch
vom Geist entflammen« und: »Vergeltet niemand Böses mit Bösem« (Röm 12,11.17).

Generalaudienz, 15. November 2006

Der Geist [ist] nach dem hl. Paulus ein reiches Unterpfand, das uns von Gott selbst als
erster Anteil und zugleich als Gewährleistung
unseres künftigen Erbes gegeben worden ist
(vgl. 2 Kor 1,22; 5,5; Eph 1,13–14). So lernen

wir von Paulus, dass das Wirken des Geistes
unser Leben auf die großen Werte der Liebe,
der Freude, der Gemeinschaft und der Hoffnung ausrichtet. An uns liegt es, jeden Tag
diese Erfahrung zu machen, indem wir den
inneren Anregungen des Heiligen Geistes folgen, bei der Unterscheidung unterstützt und
erleuchtet von der Führung des Apostels.

Generalaudienz, 15. November 2006

Im Hinblick auf Paulus könnten wir die
grundlegende Frage folgendermaßen formu-
lieren: Wie vollzieht sich die Begegnung eines
Menschen mit Christus? Und worin besteht
die daraus erwachsende Beziehung? In der
Antwort, die Paulus gibt, lassen sich zwei verschiedene Momente wahrnehmen.
An erster Stelle hilft uns Paulus, den absolut
grundlegenden und unersetzlichen Wert des
Glaubens zu verstehen. So schreibt er im Brief
an die Römer: »Denn wir sind der Überzeugung, dass der Mensch gerecht wird durch
Glauben, unabhängig von Werken des Gesetzes« (3,28). Und ebenso auch im Brief an die

Galater: »Weil wir aber erkannt haben, dass
der Mensch nicht durch Werke des Gesetzes
gerecht wird, sondern durch den Glauben an
Jesus Christus, sind auch wir dazu gekommen, an Christus Jesus zu glauben, damit wir
gerecht werden durch den Glauben an Christus, und nicht durch Werke des Gesetzes;
denn durch Werke des Gesetzes wird niemand gerecht« (2,16).

»Gerecht werden« heißt »gerecht gemacht
werden«, also angenommen zu sein von der
barmherzigen Gerechtigkeit Gottes, mit ihm
in Gemeinschaft zu treten und infolgedessen
eine viel authentischere Beziehung zu allen
unseren Brüdern herstellen zu können, auf
der Grundlage einer vollkommenen Vergebung unserer Sünden.

Paulus sagt also in aller Deutlichkeit, dass
dieser Daseinszustand nicht von etwaigen guten Werken unsererseits abhängt, sondern
rein von der Gnade Gottes: »Ohne es verdient
zu haben, werden sie gerecht, dank seiner
Gnade, durch die Erlösung in Christus Jesus«
(Röm 3,24).

Mit diesen Worten bringt der hl. Paulus den
grundlegenden Inhalt seiner Bekehrung zum

Ausdruck, die neue Ausrichtung seines Lebens, die seiner Begegnung mit dem auferstandenen Christus entspringt.

Generalaudienz, 8. November 2006

Beim Nachdenken darüber, was Rechtfertigung – Rechtfertigung nicht durch die Werke, sondern durch den Glauben – bedeutet, sind wir somit beim zweiten Moment angelangt, das die vom hl. Paulus in seinem eigenen Leben beschriebene christliche Identität definiert.

Die christliche Identität setzt sich aus zwei Elementen zusammen: sich nicht selbst zu suchen, sondern sich von Christus zu empfangen und sich mit Christus hinzugeben und so persönlich am Geschehen Christi teilzunehmen, bis hin zum Versenken in ihn und zur Teilhabe an seinem Tod ebenso wie an seinem Leben.

Eben das schreibt Paulus im Brief an die Römer: Wir sind »auf seinen Tod getauft worden, ... wir wurden mit ihm begraben, ... mit ihm ... vereinigt ... So sollt auch ihr euch als Men-

schen begreifen, die für die Sünde tot sind,
aber für Gott leben in Christus Jesus« (Röm
6,3.4.5.11). Gerade dieser letzte Satz ist bezeichnend: Für Paulus ist es nämlich nicht ge-
nug zu sagen, dass die Christen Getaufte oder
Gläubige sind; für ihn ist es ebenso wichtig zu
sagen, dass sie »in Christus Jesus« sind (vgl.
auch Röm 8,1.2.39; 12,5; 16,3.7.10; 1 Kor 1,2.3
usw.).

An anderen Stellen kehrt er die Worte um und
schreibt: »Christus ist in uns/euch« (vgl. Röm
8,10; 2 Kor 13,5) oder »in mir« (Gal 2,20). Dieses gegenseitige Durchdrungensein von Christus und dem Christen, das für die Lehre des
Paulus charakteristisch ist, vervollständigt das,
was er über den Glauben sagt. Obwohl uns
nämlich der Glaube tief mit Christus vereint,
lässt er den Unterschied zwischen ihm und
uns deutlich hervortreten. Aber nach Paulus
gibt es im Leben des Christen auch ein Element, das wir »mystisch« nennen können, da
es eine Identifizierung mit Christus unsererseits und mit uns von seiten Christi einschließt. In diesem Sinn geht der Apostel sogar so weit, unsere Leiden als »Leiden Christi«,
die uns »zuteil geworden sind« (2 Kor 1,5), zu

Zoppo, Hl. Paulus (um 1470)

bezeichnen, denn »wohin wir auch kommen,
immer tragen wir das Todesleiden Jesu an unserem Leib, damit auch das Leben Jesu an
unserem Leib sichtbar wird« (2 Kor 4,10).

Generalaudienz, 8. November 2006

Um gegenwärtig zu sein, braucht das Wort
eine Person, einen Zeugen. Und so entsteht
dieses wechselseitige Verhältnis: Einerseits
braucht das Wort die Person, aber andererseits ist die Person, der Zeuge, an das Wort ge-
bunden, das ihm anvertraut ist und nicht von
ihm erfunden wurde. Dieses wechselseitige
Verhältnis des Inhalts – dem Wort Gottes,
dem Leben des Herrn – und der Person, die es
weitergibt, ist ein Wesensmerkmal der Struktur der Kirche. Und so wollen wir heute über
diesen personalen Aspekt der Kirche nachdenken.
Der Herr hatte diesen, wie wir gesehen haben,
eingeführt, als er die Zwölf zusammenrief, in
denen das künftige Volk Gottes repräsentiert
war. In Treue zu dem Auftrag, den sie vom
Herrn empfangen haben, vervollständigen die

Zwölf nach dessen Himmelfahrt zunächst ihre
Zahl durch die Wahl des Matthias an Stelle
des Judas (vgl. Apg 1,15−26); dann haben sie
nach und nach andere an den ihnen übertra-
genen Aufgaben teilnehmen lassen, damit sie
ihren Dienst weiterführen.

Der Auferstandene selbst beruft Paulus (vgl.
Gal 1,1), aber Paulus, obgleich vom Herrn
selbst zum Apostel berufen, vergleicht seine
Verkündigung mit dem Evangelium der Zwölf
(vgl. ebd., 1,18) und trägt Sorge, das weiterzugeben, was er empfangen hat (vgl. 1 Kor 11,23;
15,3−4). Bei der Verteilung der missionarischen Aufgaben wird Paulus in die Reihe der
Apostel aufgenommen, zusammen mit anderen, zum Beispiel mit Barnabas (vgl. Gal 2,9).
So wie am Anfang des Apostelstandes eine Berufung und Sendung durch den Auferstandenen steht, so wird die nachfolgende Berufung
und Sendung anderer in der Kraft des Heiligen Geistes durch den erfolgen, der bereits in
das apostolische Amt eingesetzt worden ist.
Das ist der Weg, auf dem dieses Amt fortdau-
ern wird, das dann ab der zweiten Generation
Bischofsamt, »episkopé«, heißen wird.

Generalaudienz, 10. Mai 2006

Hier in der Heilig-Geist-Kathedrale möchte
ich Gott für alles danken, was er in der Geschichte der Menschen vollbracht hat, und
möchte auf alle die Gaben des Geistes der Heiligkeit herabrufen. Wie der hl. Paulus uns ...
in Erinnerung [ruft], ist der Heilige Geist die
immerwährende Quelle unseres Glaubens und
unserer Einheit. Er weckt in uns die wahre
Erkenntnis Jesu, und er legt uns die Worte des
Glaubens auf die Lippen, damit wir den Herrn
erkennen können.

Jesus hatte schon zu Petrus nach seinem Glau-
bensbekenntnis von Cäsarea gesagt: »Selig
bist du, Simon Barjona; denn nicht Fleisch und
Blut haben dir das offenbart, sondern mein
Vater im Himmel« (Mt 16,17). Ja, wir sind selig,
wenn der Heilige Geist uns für die Freude des
Glaubens öffnet und wenn er uns in die große
Familie der Christen eintreten lässt, in seine
Kirche, die so vielfältig in der Verschiedenheit
der Gaben, Funktionen und Tätigkeiten ist und
gleichzeitig schon eine, »weil es immer Gott
selbst ist, der in allen wirkt«.

Der hl. Paulus fügt hinzu: »Jedem aber wird
die Offenbarung des Geistes geschenkt, damit
sie anderen nützt.« Den Geist zu offenbaren,

nach dem Geist zu leben, bedeutet nicht, nur für sich selbst zu leben, sondern es heißt zu lernen, Jesus Christus ähnlich zu werden, indem wir in seiner Nachfolge Diener unserer Brüder werden. Das ist eine sehr konkrete Unterweisung für jeden von uns Bischöfen, die wir vom Herrn gerufen sind, sein Volk zu führen, indem wir uns nach seinem Vorbild zu Dienern machen; dies gilt ebenso für alle Diener des Herrn und auch für alle Gläubigen: Durch den Empfang des Sakraments der Taufe sind wir alle in den Tod und in die Auferstehung des Herrn eingetaucht, »alle wurden wir mit dem einen Geist getränkt«, und das Leben Christi ist unser Leben geworden, damit wir wie er leben, damit wir unsere Brüder so lieben, wie er uns geliebt hat (vgl. Joh 13,34). ... Wie sollten wir ... nicht an das andere schöne Bild denken, das der hl. Paulus gebraucht, um von der Kirche zu sprechen, jenes Bild vom Bauwerk, dessen Steine alle vereint sind und sich eng aneinanderfügen, um einen einzigen Bau zu bilden, und dessen Eckstein, auf dem alles gründet, Christus ist?

Predigt in der Heilig-Geist-Kathedrale in Istanbul,
1. Dezember 2006

In dem ... Brief an die Galater tritt ein ... Aspekt des Weges der Bekehrung hervor. Ihn erklärt uns ein anderer großer Bekehrter, der Apostel Paulus. Die Worte stehen im Kontext der Debatte, die die Urgemeinde beschäftigte: Viele Christen, die aus dem Judentum kamen, wollten das Heil an die Erfüllung der Werke des alten Gesetzes binden, wodurch das neue Gesetz Christi und die Universalität seiner Botschaft nutzlos geworden wäre. Paulus tritt als Zeuge und Verkünder der Gnade hervor. Auf dem Weg nach Damaskus hatten ihn das strahlende Antlitz und die kräftige Stimme Christi seinem gewalttätigen Eifer als Verfolger entrissen und in ihm den neuen Eifer für den Gekreuzigten entzündet, der die Nahen und die Fernen in seinem Kreuz versöhnt (vgl. Eph 2,11–22).

Paulus hatte verstanden, dass in Christus das ganze Gesetz erfüllt ist und dass, wer zu Christus gehört und sich mit ihm vereint, das Gesetz erfüllt. Christus, und mit ihm den einen Gott, zu allen Völkern zu tragen, ist zu seiner Mission geworden. Denn Christus »ist unser Friede. Er vereinigte die beiden Teile (Juden und Heiden) und riss durch sein Sterben die trennende Wand nieder... « (Eph 2,14). Sein ganz persönliches Liebesbekenntnis ist gleichzeitig auch Ausdruck des gemeinsamen Wesens des christlichen Lebens: »Soweit ich aber jetzt noch in dieser Welt lebe, lebe ich im Glauben an den Sohn Gottes, der mich geliebt und sich für mich hingegeben hat« (Gal 2, 20b). Und wie kann man auf diese Liebe antworten, wenn nicht mit einer Umarmung des gekreuzigten Christus, bis dahin, aus seinem Leben heraus zu leben? »Ich bin mit Christus gekreuzigt worden. Nicht mehr ich lebe, sondern Christus lebt in mir« (Gal 2,20a).

Predigt während des Pastoralbesuchs in Assisi, 17. Juni 2007

Wenn der hl. Paulus von seinem eigenen Gekreuzigtsein mit Christus spricht, spielt er nicht nur auf seine neue Geburt in der Taufe an, sondern auf sein ganzes Leben im Dienst Christi. Diese Verbindung mit seinem apostolischen Leben scheint mit aller Klarheit in den Schlussworten seiner Verteidigung der christlichen Freiheit am Ende des Briefes an die Galater auf: »In Zukunft soll mir niemand

mehr solche Schwierigkeiten bereiten. Denn
ich trage die Zeichen Jesu an meinem Leib«
(6,17).
Es ist das erste Mal in der Geschichte des
Christentums, dass das Wort »Zeichen Jesu«
auftaucht. In dem Disput über die rechte Art,
das Evangelium zu sehen und zu leben, ent-
scheiden am Ende nicht die Argumente unseres Denkens; es entscheidet die Realität des
Lebens, die gelebte und durchlittene Gemeinschaft mit Jesus, nicht nur in den Gedanken
oder Worten, sondern bis zum Grund der Existenz, die auch den Leib, das Fleisch, einschließt.
Die in einer langen Leidensgeschichte erhalte-
nen »blauen Flecken« sind Zeugnis der Gegenwart des Kreuzes Jesu am Leib des hl. Paulus,
sie sind seine Stigmata. Nicht die Beschneidung
bringt ihm das Heil: Die Stigmata sind die Folge
seiner Taufe, Ausdruck seines täglichen Ster-
bens mit Christus, sicheres Zeichen dafür, neue
Schöpfung zu sein (vgl. Gal 6,15).
Mit der Verwendung des Wortes Stigma spielt
Paulus im Übrigen auch auf den antiken
Brauch an, auf die Hand des Sklaven das Sie-
gel des Besitzers einzubrennen. Der Sklave

Heiliger Paulus, Darstellung auf einem Stehkreuz,
Russland, 18. Jahrhundert

war so »stigmatisiert« als Eigentum seines
Herrn und stand unter seinem Schutz. Das
Zeichen des Kreuzes, durch lange Leiden in
die Haut des Paulus eingeschrieben, ist sein
Stolz: Es weist ihn als wahren Diener Christi
aus, geschützt durch die Liebe des Herrn.

Predigt während des Pastoralbesuchs in Assisi, 17. Juni 2007

Die Weisheit Gottes offenbart sich im Kos-
mos, in der Verschiedenheit und der Schönheit seiner Elemente, aber seine Meisterwer-
ke, in denen in Wirklichkeit noch sehr viel
mehr seine Schönheit und seine Größe auf-
scheinen, sind die Heiligen.
Im Abschnitt des Briefes des Apostels Paulus
an die Römer finden wir ein ähnliches Bild:
das der Liebe Gottes, die »in die Herzen« der
Heiligen, das heißt der Getauften, »ausgegossen« ist »durch den Heiligen Geist«, der ihnen
gegeben ist (vgl. Röm 5,5). Durch Christus
hindurch geschieht die Gabe des Geistes, der
»Liebe als Person«, »Geschenk als Person« ist,
wie ihn der Diener Gottes Johannes Paul II.
definiert hat (Enzyklika *Dominum et vivifican-*

tem, 10). Durch Christus kommt der Geist Gottes zu uns, als Ursprung neuen, »heiligen« Lebens. Der Geist legt die Liebe Gottes in das Herz der Gläubigen in der konkreten Form, die sie im Menschen Jesus von Nazaret hatte. So verwirklicht sich das, was der hl. Paulus im Brief an die Kolosser schreibt: »Christus ist unter euch, er ist die Hoffnung auf Herrlichkeit« (1,27). Die »Bedrängnisse« stehen nicht im Gegensatz zu dieser Hoffnung, im Gegenteil, sie tragen dazu bei, sie zu verwirklichen durch die »Geduld« und die »Bewährung« (Röm 5,3–4): Es ist der Weg Jesu, der Weg des Kreuzes.

Predigt am Dreifaltigkeitssonntag, 3. Juni 2007

Indem der Heilige Geist Leben und Freiheit schenkt, schenkt er auch Einheit. Diese drei Gaben sind voneinander untrennbar. ... Der Heilige Geist ist der Geist Jesu Christi, der Geist, der den Vater mit dem Sohn in der Liebe vereint, die er im einzigen Gott schenkt und empfängt. Er vereint uns so sehr, dass der hl. Paulus einmal sagen konnte: »Ihr alle seid ›einer‹ in Christus Jesus« (Gal 3,28).

Der Heilige Geist treibt uns mit seinem We- hen zu Christus. Der Heilige Geist wirkt leib- haft; er wirkt nicht nur subjektiv, nicht nur »geistlich«. Zu den Jüngern, die ihn nur für einen »Geist« hielten, sagte der auferstandene Christus: »Ich bin es selbst. Fasst mich doch an und begreift: Kein Geist – kein Gespenst – hat Fleisch und Knochen, wie ihr es bei mir seht« (vgl. Lk 24,39).

Das gilt für den auferstandenen Christus in jedem Zeitabschnitt der Geschichte. Der auf- erstandene Christus ist kein Gespenst, er ist nicht nur ein Geist, ein Gedanke, eine Idee. Er ist der Fleischgewordene geblieben – derjeni- ge, der unser Fleisch angenommen hat, ist auferstanden – und er baut immer weiter sei- nen Leib auf, macht uns zu seinem Leib. Der Geist weht, wo er will, und sein Wille ist die Einheit, die zum Leib geworden ist, die Ein- heit, die der Welt begegnet und sie verändert.

Predigt zur Pfingstvigil, 3. Juni 2006

Im Epheserbrief sagt uns der hl. Paulus, dass dieser Leib Christi, der die Kirche ist, Gelenke hat (vgl. 4,16), und er benennt sie auch: Es sind Apostel, Propheten, Evangelisten, Hirten und Lehrer (vgl. 4,11). Der Geist ist vielgestaltig in seinen Gaben – das sehen wir hier. Wenn wir auf die Geschichte blicken, ... dann werden wir gewahr, dass er immer neue Gaben hervorruft, dann sehen wir, wie verschieden die Organe sind, die er schafft, und dass er immer wieder von neuem leibhaft wirkt.

Aber in ihm gehören Vielfalt und Einheit zusammen. Er weht, wo er will. Er tut dies auf unerwartete Weise, an unerwarteten Orten und in Formen, an die man vorher nie gedacht hat. Und mit welcher Vielfalt und Leibhaftigkeit tut er dies! Und auch hier sind Vielfalt und Einheit voneinander untrennbar. Er will eure Vielfalt, und er will euch als den einen Leib, vereint mit den dauerhaften Ordnungen – den Gelenken – der Kirche, mit den Nachfolgern der Apostel und mit dem Nachfolger des hl. Petrus. Er entbindet uns nicht von der Mühe, zu lernen, wie wir miteinander umgehen sollen; aber er zeigt uns auch, dass er im Hinblick auf den einen Leib und in der Einheit

des einen Leibes wirkt. Und nur so bekommt
die Einheit ihre Kraft und ihre Schönheit.

Beteiligt euch am Aufbau des einen Leibes!
Die Hirten werden Acht geben, den Geist nicht
auszulöschen (vgl. 1 Thess 5,19), und ihr wer-
det nicht aufhören, eure Gaben der ganzen
Gemeinschaft zu bringen. Noch einmal: Der
Heilige Geist weht, wo er will. Aber sein Wille
ist die Einheit. Er führt uns zu Christus, in seinen Leib. Durch Christus – sagt der hl. Paulus
– »wird der ganze Leib zusammengefügt und
gefestigt in jedem einzelnen Gelenk. Jedes
trägt mit der Kraft, die ihm zugemessen ist.
So wächst der Leib und wird in Liebe aufgebaut« (Eph 4,16).

Predigt zur Pfingstvigil, 3. Juni 2006

EINE ANLEITUNG ZUM CHRISTSEIN IN JEDER ZEIT

Was heißt Apostelsein heute?

Der Brief des hl. Jakobus zeigt uns ein sehr konkretes und praxisbezogenes Christentum. Der Glaube muss im Leben verwirklicht werden, vor allem in der Liebe zum Nächsten und besonders im Einsatz für die Armen. Vor diesem Hintergrund muss auch das berühmte Wort gelesen werden: »Denn wie der Körper ohne den Geist tot ist, so ist auch der Glaube tot ohne Werke« (Jak 2,26).

Diese Erklärung des Jakobus wurde bisweilen den Aussagen des Paulus entgegengestellt, wonach wir von Gott nicht durch unsere Werke, sondern allein durch unseren Glauben gerechtfertigt werden (vgl. Gal 2,16; Röm 3,28). Doch diese beiden Sätze, die sich aufgrund ihrer unterschiedlichen Sichtweise zu widersprechen scheinen, ergänzen einander in Wirklichkeit, wenn sie richtig ausgelegt werden.

Der hl. Paulus widersetzt sich dem Hochmut
des Menschen, der meint, er bedürfe der uns
zuvorkommenden Liebe Gottes nicht; er widersetzt sich dem Hochmut der Selbstrechtfer-
tigung ohne die Gnade, die ein reines Geschenk und unverdient ist. Der hl. Jakobus
hingegen spricht von den Werken als einer
ganz normalen Frucht des Glaubens: »Jeder
gute Baum bringt gute Früchte«, sagt der Herr
(Mt 7,17).

Generalaudienz, 28. Juni 2006

Der Gestus der Handauflegung kann verschiedene Bedeutungen haben. Im Alten Testament
bedeutet er vor allem die Übertragung eines
wichtigen Amtes, wie es Mose mit Josua machte (vgl. Num 27,18–23), als er ihn auf diese
Weise zu seinem Nachfolger bestimmte. Auf
dieser Linie wird auch die Kirche von Antiochien von diesem Gestus Gebrauch machen, um
Paulus und Barnabas in die Mission zu den Völkern der Welt zu entsenden (vgl. Apg 13,3).
Auf eine ähnliche Handauflegung, nämlich
bei Timotheus, um ihn mit einer offiziellen

Aufgabe zu beauftragen, nehmen die beiden an ihn gerichteten Briefe des Paulus Bezug (vgl. 1 Tim 4,14; 2 Tim 1,6). Dass es dabei um eine wichtige Handlung ging, die nach reiflicher Überlegung zu vollziehen war, ist aus dem zu entnehmen, was wir im Ersten Brief an Timotheus lesen: »Lege keinem vorschnell die Hände auf, und mach dich nicht mitschuldig an fremden Sünden« (5,22). Wir sehen also, dass sich der Gestus der Handauflegung zu einem sakramentalen Zeichen entwickelt. Im Fall des Stephanus und seiner Gefährten handelt es sich mit Sicherheit um die offizielle Übertragung einer Aufgabe seitens der Apostel und zugleich um die Erflehung der Gnade für die Erfüllung dieser Aufgabe.

Generalaudienz, 10. Januar 2007

Denken wir ... noch einmal an diesen Satz des hl. Paulus: Wir alle, sowohl Apollos wie ich, sind Diener Jesu, jeder auf seine Weise, denn es ist Gott, der wachsen lässt. Dieses Wort gilt auch heute für alle, für den Papst genauso wie für die Kardinäle, die Bischöfe, die Priester,

die Laien. Wir sind alle demütige Diener Jesu.
Dienen wir dem Evangelium, so weit wir können, entsprechend unseren Gaben, und beten
wir zu Gott, dass er heute sein Evangelium,
seine Kirche wachsen lasse.

Generalaudienz, 31. Januar 2007

Da die eucharistische Liturgie wesentlich
actio Dei ist, die uns durch den Geist in Jesus
hineinzieht, ist ihr Fundament unserer Will-
kür entzogen und darf nicht die Erpressung
durch Modeströmungen des jeweiligen Augen-
blicks erfahren. Auch hier gilt die unumstößli-
che Aussage des hl. Paulus: „Einen anderen
Grund kann niemand legen als den, der gelegt
ist: Jesus Christus" (1 Kor 3,11). Und wiederum
ist es der Völkerapostel, der uns in Bezug auf
die Eucharistie versichert, er überliefere uns
nicht eine von ihm selbst entwickelte Lehre,
sondern das, was er seinerseits empfangen
habe (vgl. 1 Kor 11,23). Die Feier der Eucharistie schließt nämlich die lebendige Überlieferung ein. Die Kirche feiert das eucharistische
Opfer im Gehorsam gegenüber dem Auftrag

Christi, ausgehend von der Erfahrung des Auferstandenen und der Ausgießung des Heiligen
Geistes. Aus diesem Grund versammelt sich
die christliche Gemeinde zur *fractio panis* von
Anfang an am Tag des Herrn. Der Tag, an dem
Christus von den Toten auferstanden ist, der
Sonntag, ist auch der erste Tag der Woche, der-
jenige, in dem die alttestamentliche Überlieferung den Beginn der Schöpfung sah. Der Tag
der Schöpfung ist nun der Tag der „neuen
Schöpfung" geworden, der Tag unserer Befrei-
ung, an dem wir des gestorbenen und auferstandenen Christus gedenken.

Sacramentum caritatis, 37

Tatsächlich ist es nicht die eucharistische
Nahrung, die sich in uns verwandelt, sondern
wir sind es, die durch sie geheimnisvoll verändert werden. Christus nährt uns, indem er
uns mit sich vereint, uns „in sich hineinzieht".
Die Eucharistiefeier erscheint hier in ihrer
ganzen Kraft als Quelle und Höhepunkt des
kirchlichen Lebens, insofern sie zugleich so-

wohl den Ursprung als auch die Vollendung
des neuen und endgültigen Gottesdienstes
ausdrückt, die *logiké latreía*. Die diesbezüg-
lichen Worte des hl. Paulus an die Römer for-
mulieren in gedrängtester Form, wie die
Eucharistie unser ganzes Leben in einen geistigen Gottesdienst verwandelt, der Gott gefällt: „Angesichts des Erbarmens Gottes er-
mahne ich euch, meine Brüder, euch selbst
[wörtlich: eure Leiber] als lebendiges und hei-
liges Opfer darzubringen, das Gott gefällt; das
ist euer geistiger Gottesdienst" (Röm 12,1). In
diesem Aufruf erscheint das Bild des neuen
Gottesdienstes als Ganzhingabe der eigenen
Person in Gemeinschaft mit der gesamten Kirche. Das Bestehen des Apostels auf der Hingabe unseres Leibes unterstreicht die menschli-
che Konkretheit eines Kultes, der alles andere
als unkörperlich ist. Wieder ist es der Heilige
von Hippo, der uns in diesem Zusammenhang
daran erinnert, dass »dieses das Opfer der
Christen ist: viele und zugleich ein einziger
Leib in Christus zu sein. Die Kirche feiert dieses Geheimnis mit dem Altarssakrament, das
die Gläubigen gut kennen und in dem ihr
deutlich gezeigt wird, dass in dem, was geop-

Benedikt XVI. beim Vespergottesdienst in der Basilika St. Paul vor den Mauern zum Fest der Bekehrung des hl. Paulus, 25. Januar 2008.

fert wird, sie selbst es ist, die geopfert wird.«
Die katholische Lehre bekräftigt also, dass die
Eucharistie, insofern sie das Opfer Christi ist,
auch das Opfer der Kirche und somit der Gläubigen ist. Das Beharren auf dem Opfer (latei-
nisch: sacri-ficium, was soviel bedeutet wie
„heilig gemacht“) besagt hier die ganze exis-
tentielle Dichte, die in der Verwandlung unserer von Christus ergriffenen (vgl. Phil 3,12)
menschlichen Natur enthalten ist.

Sacramentum caritatis, 70

Heute ist es nötig wiederzuentdecken, dass
Jesus Christus nicht eine bloße private Überzeugung oder eine abstrakte Lehre ist, sondern eine reale Person, deren Eintreten in die
Geschichte imstande ist, das Leben aller zu
ändern. Darum muss die Eucharistie als Quelle und Höhepunkt von Leben und Sendung
der Kirche in Spiritualität, in Leben „nach
dem Geist“ (Röm 8,4f; vgl. Gal 5,16.25) umge-
setzt werden.
Es ist bezeichnend, dass der hl. Paulus an der
Stelle des Briefes an die Römer, wo er dazu

auffordert, den neuen geistigen Gottesdienst zu leben, zugleich an die Notwendigkeit der Änderung der eigenen Art zu leben und zu denken erinnert: „Gleicht euch nicht dieser Welt an, sondern wandelt euch und erneuert euer Denken, damit ihr prüfen und erkennen könnt, was der Wille Gottes ist; was ihm gefällt, was gut und vollkommen ist" (12,2). Auf diese Weise unterstreicht der Völkerapostel die Verbindung zwischen dem wahren geistigen Gottesdienst und der Notwendigkeit einer neuen Art, das Dasein wahrzunehmen und das Leben zu führen. Ein wesentlicher Bestandteil der eucharistischen Form des christlichen Lebens ist die Erneuerung des Denkens, um „nicht mehr unmündige Kinder [zu] sein, ein Spiel der Wellen, hin und her getrieben von jedem Widerstreit der Meinungen" (Eph 4,14).

Sacramentum caritatis, 77

Heute Abend erhalten die Worte des Apostels über das Verhältnis zwischen menschlichem Bemühen und göttlicher Gnade eine ganz besondere Bedeutung. Am Ende der Gebetswoche für die Einheit der Christen sind wir uns noch mehr dessen bewusst, wie sehr das Werk der Wiederherstellung der Einheit, das alle unsere Kraft und Anstrengung erfordert, unsere Möglichkeiten indessen unendlich übersteigt.

Die Einheit mit Gott und mit unseren Brüdern und Schwestern ist ein Geschenk, das von oben kommt, das aus der Liebesgemeinschaft zwischen Vater, Sohn und Heiligem Geist entspringt und in ihr wächst und sich vervollkommnet. Die Entscheidung, wann und wie sich diese Einheit voll verwirklichen wird, liegt nicht in unserer Macht. Gott allein wird es vollbringen können! Wie der hl. Paulus setzen auch wir unsere Hoffnung und unser Vertrauen »in die Gnade Gottes zusammen mit uns«. Liebe Brüder und Schwestern, dies will das Gebet erflehen, das wir gemeinsam zum Herrn erheben, damit er uns bei unserer ständigen Suche nach Einheit erleuchte und beistehe.

Vespergottesdienst am Fest der Bekehrung des hl. Paulus,
25. Januar 2008

Liebe Brüder und Schwestern, wie in den
Anfangszeiten braucht Christus auch heute
Apostel, die bereit sind, sich selber zu opfern.
Er braucht Zeugen und Märtyrer wie den hl.
Paulus: Einst ein gewalttätiger Christenverfol-
ger, wechselte er, als er auf dem Weg nach Da-
maskus vom göttlichen Licht geblendet zu
Boden stürzte, ohne Zögern auf die Seite des
Gekreuzigten und folgte ihm, ohne es zu
bereuen. Er lebte und arbeitete für Christus,
für ihn litt und starb er. Wie zeitgemäß ist
heute sein Vorbild!

Vesper vor dem Hochfest Peter und Paul, 28. Juni 2007

In seinen Briefen erläutert uns Paulus auch
seine Lehre über die Kirche als solche. So ist
seine originäre Definition der Kirche als »Leib
Christi« wohlbekannt, die wir bei keinem anderen christlichen Autor des 1. Jahrhunderts
finden (vgl. 1 Kor 12,27; Eph 4,12; 5,30; Kol
1,24). Die tiefste Wurzel dieser überraschen-
den Bezeichnung für die Kirche finden wir im
Sakrament des Leibes Christi. Der hl. Paulus
sagt: »Ein Brot ist es. Darum sind wir viele ein

Leib« (1 Kor 10,17). In der Eucharistie gibt uns
Christus seinen Leib und macht uns zu seinem Leib. In diesem Sinn sagt der hl. Paulus
zu den Galatern: »Ihr alle seid ›einer‹ in Christus« (Gal 3,28). Mit all dem gibt Paulus uns zu
verstehen, dass es nicht nur eine Zugehörigkeit der Kirche zu Christus gibt, sondern auch
eine gewisse Art der »Ineinssetzung« und
Identifizierung der Kirche mit Christus selbst.
Darin also hat das Große und Edle der Kirche,
und damit das Große und Edle von uns allen,
die wir ihr angehören, seinen Ursprung: dass
wir Glieder Christi sind, gleichsam eine Er-
weiterung seiner persönlichen Gegenwart in
der Welt. Und daraus folgt natürlich unsere
Pflicht, wirklich in Übereinstimmung mit
Christus zu leben.

Daraus ergeben sich auch die Ermahnungen
des Paulus hinsichtlich der verschiedenen Charismen, die die christliche Gemeinde beseelen
und ihr eine Struktur geben. Sie lassen sich
alle auf eine einzige Quelle zurückführen, die
der Geist des Vaters und des Sohnes ist, wobei
man wohl weiß, dass es in der Kirche niemen-
den gibt, der ohne Charismen ist, wie der Apostel schreibt: »Jedem aber wird die Offenbarung

des Geistes geschenkt, damit sie anderen
nützt« (1 Kor 12,7). Wichtig ist jedoch, dass alle
Charismen zum Aufbau der Gemeinde zusammenwirken und nicht zur Ursache von Spaltun-
gen werden. In diesem Zusammenhang stellt
Paulus die rhetorische Frage: »Ist denn Christus zerteilt?« (1 Kor 1,13). Er weiß gut und lehrt
uns, dass es notwendig ist, »die Einheit des
Geistes zu wahren durch den Frieden, der euch
zusammenhält. Ein Leib und ein Geist, wie
euch durch eure Berufung auch eine gemeinsame Hoffnung gegeben ist« (Eph 4,3–4).

Generalaudienz, 22. November 2006

Die Notwendigkeit der Einheit hervorzuhe-
ben bedeutet natürlich nicht, dafür einzutreten, dass das kirchliche Leben nach einer einzigen Vorgehensweise einförmig gemacht oder
verflacht werden sollte. ... Paulus lehrt, »den
Geist nicht auszulöschen« (vgl. 1 Thess 5,19),
also der unvorhersehbaren Dynamik der cha-
rismatischen Offenbarungen des Geistes, der
Quelle immer neuer Energie und Lebenskraft
ist, großzügig Raum zu schaffen.

Wenn es aber ein Kriterium gibt, auf das Paulus großen Wert legt, so ist es die gegenseitige Erbauung: »Alles geschehe so, dass es aufbaut« (1 Kor 14,26). Alles muss dazu beitragen, das kirchliche Gefüge in geordneter Weise aufzubauen, und zwar nicht nur ohne Stillstand, sondern auch ohne Kehrtwendungen und ohne Brüche.

Es gibt dann auch einen Paulusbrief, der die Kirche als Braut Christi beschreibt (vgl. Eph 5,21–33). Damit wird eine alte Metapher der Propheten wiederaufgenommen, die das Volk Israel zur Braut des Bundesgottes machte (vgl. Hos 2,4.21; Jes 54,5–8): Dies geschieht, um deutlich zu machen, wie innig die Beziehungen zwischen Christus und seiner Kirche sind, sowohl in dem Sinne, dass sie Objekt zärtlichster Liebe von seiten ihres Herrn ist, als auch in dem Sinne, dass die Liebe gegenseitig sein muss und dass somit auch wir als Glieder der Kirche leidenschaftliche Treue zu ihm zeigen müssen.

Generalaudienz, 22. November 2006

Letztendlich geht es [Paulus] um eine Gemeinschaftsbeziehung: um die sozusagen »vertikale« Beziehung zwischen Jesus Christus und uns allen, aber auch um jene »horizontale« Beziehung zwischen all jenen, die sich in der Welt dadurch auszeichnen, dass sie »den Namen Jesu Christi, unseres Herrn, überall anrufen« (1 Kor 1,2).

Das kennzeichnet uns: Wir gehören zu jenen, die den Namen Jesu Christi, des Herrn, anrufen. Es ist deshalb gut verständlich, wie wünschenswert es ist, dass sich das verwirklicht, was Paulus selbst wünscht, wenn er an die Korinther schreibt: »Wenn aber alle prophetisch reden und ein Ungläubiger oder Unkundiger kommt herein, dann wird ihm von allen ins Gewissen geredet und er fühlt sich von allen ins Verhör genommen; was in seinem Herzen verborgen ist, wird aufgedeckt. Und so wird er sich niederwerfen, Gott anbeten und ausrufen: Wahrhaftig, Gott ist bei euch!« (1 Kor 14,24–25).

So sollten unsere liturgischen Versammlungen sein. Ein Nichtchrist, der zu einer unserer Versammlungen kommt, sollte am Ende sagen können: »Wahrhaftig, Gott ist mit euch«! Bit-

ten wir den Herrn, so in Gemeinschaft mit
Christus und in Gemeinschaft untereinander
zu sein.

Generalaudienz, 22. November 2006

Wir haben [in Paulus] einen wirklich großen
Heiligen vor uns, nicht nur im Hinblick auf
das konkrete Apostolat, sondern auch hinsichtlich seiner außergewöhnlich tiefen und
reiche Anregungen vermittelnden theologi-
schen Lehre. [Wir] wollen ... betrachten, was
er über den Heiligen Geist und seine Gegenwart in uns lehrt; denn auch hier hat uns der
Apostel etwas sehr Bedeutsames zu sagen.
Wir wissen, was der hl. Lukas bei der Be-
schreibung des Pfingstereignisses in der Apostelgeschichte über den Heiligen Geist sagt.
Der Pfingstgeist bringt einen starken Anstoß
mit sich, die Aufgabe der Mission anzunehmen, um das Evangelium auf den Straßen der
Welt zu bezeugen. Tatsächlich berichtet die
Apostelgeschichte von einer ganzen Reihe von
Missionen, die von den Aposteln durchgeführt
wurden, zuerst in Samarien, dann entlang der

Küste Palästinas, dann weiter bis nach Syrien.
Berichtet wird vor allem von den drei großen
Missionsreisen des Paulus. ...

Der hl. Paulus ... spricht in seinen Briefen
auch unter einem anderen Blickwinkel über
den Heiligen Geist. Er beschränkt sich nicht
darauf, nur die dynamische und handelnde
Dimension der dritten Person der Heiligsten
Dreifaltigkeit zu beschreiben, sondern er erklärt auch die Gegenwart des Geistes im Leben des Christen, dessen Identität durch ihn
gekennzeichnet ist. Mit anderen Worten, Paulus denkt über den Heiligen Geist nach, indem er dessen Einfluss nicht nur auf das Handeln, sondern auch auf das Sein des Christen
darlegt.

In der Tat ist er es, der uns sagt, dass der Geist
Gottes in uns wohnt (vgl. Röm 8,9; 1 Kor 3,16)
und dass »Gott den Geist seines Sohnes in
unser Herz« sandte (Gal 4,6). Für Paulus prägt
uns also der Geist bis in die innersten Tiefen
unseres persönlichen Seins.

Dazu einige seiner Worte, denen besondere
Bedeutung zukommt: »Denn das Gesetz des
Geistes und des Lebens in Christus Jesus hat
dich frei gemacht vom Gesetz der Sünde und

des Todes... Denn ihr habt nicht einen Geist
empfangen, der euch zu Sklaven macht, so
dass ihr euch immer noch fürchten müsstet,
sondern ihr habt den Geist empfangen, der
euch zu Söhnen macht, den Geist, in dem wir
rufen: Abba, Vater!« (Röm 8,2.15); da wir seine
Kinder sind, dürfen wir zu Gott »Vater« sagen.
Man sieht also deutlich, dass der Christ, noch
bevor er handelt, bereits eine reiche und frucht-
bare Innerlichkeit besitzt, die ihm durch die
Sakramente der Taufe und der Firmung geschenkt worden ist, eine Innerlichkeit, die ihn
in eine objektive und ursprüngliche Beziehung der Kindschaft gegenüber Gott stellt.
Darin besteht unsere große Würde: nicht nur
Ebenbild, sondern Kinder Gottes zu sein. Und
das ist eine Einladung, unsere Kindschaft zu
leben, uns immer mehr bewusst zu sein, dass
wir Kinder in der großen Familie Gottes sind.
Es ist eine Einladung, dieses objektive Geschenk in eine subjektive Wirklichkeit zu verwandeln, die für unser Denken, unser Handeln und unser Sein maßgebend ist. Gott
betrachtet uns als seine Kinder, denn er hat
uns zu einer Würde erhoben, die der Würde
Jesu, des einzigen wahren Sohnes im vollen

Sinn, ähnlich, wenn auch nicht gleich ist. In
ihm wird uns die Kindschaft und die vertrau-
ensvolle Freiheit in Beziehung zum Vater
geschenkt oder auch zurückgegeben.

Generalaudienz, 15. November 2006

Paulus ... sagt, dass es ohne die Gegenwart
des Geistes in uns kein echtes Gebet gibt. Er
schreibt nämlich: »So nimmt sich auch der
Geist unserer Schwachheit an. Denn wir wissen nicht, worum wir in rechter Weise beten
sollen« – wie wahr ist es doch, dass wir nicht
wissen, wie wir mit Gott sprechen sollen! –,
»der Geist selber tritt jedoch für uns ein mit
Seufzen, das wir nicht in Worte fassen können. Und Gott, der die Herzen erforscht, weiß,
was die Absicht des Geistes ist: Er tritt so, wie
Gott es will, für die Heiligen ein« (Röm 8,26–
27).
Es ist, als würde man sagen, dass der Heilige
Geist, also der Geist des Vaters und des Sohnes, nunmehr wie die Seele unserer Seele ist,
der geheimste Teil unseres Seins, aus dem un-
unterbrochen eine Bewegung des Gebets zu

Gott aufsteigt, die wir nicht einmal genau be-
stimmen können. Der Geist, der in uns immer
wach ist, gleicht nämlich unsere Mängel aus
und bringt dem Vater unsere Anbetung und
unsere tiefsten Wünsche dar.
Natürlich erfordert das eine tiefe und lebendige Gemeinschaft mit dem Heiligen Geist. Das
ist eine Einladung, immer empfänglicher, immer aufmerksamer für diese Gegenwart des
Geistes in uns zu sein, sie in Gebet zu verwandeln, diese Gegenwart zu spüren und so beten
zu lernen – zu lernen, als Kinder im Heiligen
Geist mit dem Vater zu sprechen.

Generalaudienz, 15. November 2006

Das [„In-Christus"-Sein] müssen wir in unser
Alltagsleben hineintragen, indem wir dem
Beispiel des Paulus folgen, der immer mit dieser großen geistlichen Weite gelebt hat.
Einerseits muss uns der Glaube in einer ständigen Haltung der Demut, ja der Anbetung und
des Lobes gegenüber Gott erhalten. Was wir als
Christen sind, verdanken wir nämlich nur ihm
und seiner Gnade. Da nichts und niemand sei-

nen Platz einnehmen kann, ist es daher notwendig, dass wir nichts anderem und niemandem anderen die Verehrung entgegenbringen, die wir ihm entgegenbringen. Kein Götze darf unser geistliches Universum verunreinigen, denn sonst würden wir, anstatt die erworbene Freiheit zu genießen, in eine Form entwürdigender Knechtschaft zurückfallen.

Andererseits muss unsere radikale Zugehörigkeit zu Christus und die Tatsache, dass »wir in ihm sind«, uns eine Haltung vollkommenen Vertrauens und unermesslicher Freude einflößen. Letztlich müssen wir nämlich mit dem hl. Paulus ausrufen: »Ist Gott für uns, wer ist dann gegen uns?« (Röm 8,31). Und die Antwort darauf ist: Nichts und niemand kann »uns scheiden von der Liebe Gottes, die in Christus Jesus ist, unserem Herrn« (Röm 8, 39). Unser christliches Leben ist also auf den stärksten und sichersten Felsen gegründet, den man sich vorstellen kann. Und aus ihm beziehen wir unsere ganze Kraft, genau wie der Apostel schreibt: »Alles vermag ich durch ihn, der mir Kraft gibt« (Phil 4,13).

Gestützt von diesen großen Empfindungen, die Paulus uns mitteilt, nehmen wir also unser

Leben in Angriff, mit seinen Freuden und seinen Leiden. Wenn wir diese Empfindungen selbst erfahren, werden wir verstehen können, wie wahr das ist, was der Apostel schreibt: »Ich weiß, wem ich Glauben geschenkt habe, und ich bin überzeugt, dass er die Macht hat, das mir anvertraute Gut bis zu jenem Tag zu bewahren« (2 Tim 1,12), das heißt bis zum Tag unserer endgültigen Begegnung mit Christus, dem Richter, dem Erlöser der Welt und unserem Erlöser.

Generalaudienz, 8. November 2006

Mit eindringlichen Worten verurteilt der Prophet Amos einen Lebensstil, der typisch ist für den, der sich von einer egoistischen Suche nach Profit auf alle mögliche Weise beherrschen lässt, und der sich in Gewinnsucht, in Verachtung der Armen und Ausbeutung ihrer Situation zum eigenen Vorteil verwandelt (vgl. Am 4,5). Der Christ muss all das energisch zurückweisen und vielmehr das Herz für Gefühle echter Großherzigkeit öffnen.
Eine Großherzigkeit, die, wie der Apostel Pau-

Denkmal des Apostels Paulus in der Lateranbasilika in Rom.

lus ... mahnt, sich in einer aufrichtigen Liebe
zu allen ausdrückt und sich im Gebet offenbart. In Wirklichkeit ist es eine große Geste
der Liebe, für die anderen zu beten.
Der Apostel fordert an erster Stelle dazu auf,
für jene zu beten, die Aufgaben der Verantwortlichkeit in der Zivilgesellschaft wahrnehmen, denn – so erklärt er – aus ihren Ent-
scheidungen ergeben sich, wenn sie darauf
ausgerichtet sind, das Gute zu verwirklichen,
positive Konsequenzen, indem sie für alle den
Frieden sichern, »damit wir in aller Frömmig-
keit und Rechtschaffenheit ungestört und ru-
hig leben können« (1 Tim 2,2).
Es fehle deshalb nie an unserem Gebet, dem
geistlichen Beitrag für die Errichtung einer
kirchlichen Gemeinschaft, die Christus und
dem Aufbau einer gerechteren und solidari-
scheren Gesellschaft treu ist.

Predigt bei der Eucharistiefeier vor der Kathedrale von Velletri,

23. September 2007

[Heute] möchte ich der Kirche und der Welt
im Geiste noch einmal meine erste Enzyklika

überreichen, die genau diese zentrale Botschaft des Evangeliums enthält: *Deus caritas est*, Gott ist die Liebe (1 Joh 4,8.16). Diese Enzyklika, vor allem ihr erster Teil, ist dem Denken des hl. Augustinus viel schuldig: Er war verliebt in die Liebe Gottes und hat sie in all seinen Schriften gepriesen, betrachtet, verkündet und vor allem bezeugt in seinem Hirtendienst. In Übereinstimmung mit den Lehren des Zweiten Vatikanischen Konzils und meiner verehrten Vorgänger Johannes XXIII., Paul VI., Johannes Paul I. und Johannes Paul II. bin ich überzeugt, dass die Menschheit der Gegenwart diese grundlegende Botschaft braucht, die in Jesus Christus Mensch geworden ist: Gott ist die Liebe. Alles muss von hier ausgehen, und alles muss hierher führen: jede pastorale Tätigkeit, jede theologische Abhandlung. Der hl. Paulus sagt: »Hätte ich die Liebe nicht, nützte es mir nichts« (vgl. 1 Kor 13,3). Alle Gnadengaben verlieren ihren Sinn und ihren Wert ohne die Liebe, aber dank der Liebe tragen alle dazu bei, den mystischen Leib Christi aufzubauen.

Predigt bei der Feier der zweiten Vesper während des Pastoralbesuchs in Vigevano und Pavia, 22. April 2007

In der Seele hallen die Worte Christi wider ...:
»Ich bin das lebendige Brot, das vom Himmel
herabgekommen ist. Wer von diesem Brot isst,
wird in Ewigkeit leben. Das Brot, das ich geben werde, ist mein Fleisch, (ich gebe es hin)
für das Leben der Welt« (Joh 6,51). Dies ist
eines der Worte Jesu, die sein ganzes Geheimnis zusammenfassend in sich bergen. Und es
ist trostreich, es zu hören und zu betrachten,
während wir für eine priesterliche Seele beten, die in der Eucharistie den Mittelpunkt
ihres Lebens gefunden hat.

Die innige und beharrliche sakramentale Gemeinschaft mit dem Leib und Blut Christi
wirkt eine tiefgreifende Verwandlung der Person, und die Frucht dieses inneren Prozesses,
der den ganzen Menschen einbezieht, ist das,
was der Apostel Paulus von sich sagt, als er an
die Philipper schreibt: »Mihi vivere Christus
est« (Phil 1,21). Das Sterben ist also ein »Gewinn«, weil nur durch das Sterben jenes »In-
Christus-Sein«, dessen Unterpfand auf dieser
Erde die eucharistische Gemeinschaft ist, ganz
verwirklicht werden kann.

Predigt, 2. Februar 2007

Jesus sagt im Evangelium, dass es notwendig ist, die Gebote zu halten, »um das Leben zu erlangen« (vgl. Mk 10,19). Das ist notwendig, es genügt aber nicht! Denn, wie der hl. Paulus sagt, kommt das Heil nicht durch das Gesetz, sondern aus der Gnade. Und der hl. Johannes erinnert uns daran, dass das Gesetz durch Mose gegeben wurde, während die Gnade und die Wahrheit durch Jesus Christus kamen (vgl. Joh 1,17). Um zum Heil zu gelangen, muss man sich daher im Glauben der Gnade Christi öffnen, der dem, der sich an ihn wendet, allerdings eine anspruchsvolle Bedingung stellt: »Komm und folge mir nach!« (Mk 10,21). Die Heiligen hatten die Demut und den Mut, ihm mit »Ja« zu antworten, und haben auf alles verzichtet, um seine Freunde zu sein.

Predigt zur Heiligsprechung von vier Seligen, 15. Oktober 2006

Wenn wir die konsekrierte Hostie anbetend betrachten, spricht das Zeichen der Schöpfung zu uns. Dann begegnen wir der Größe seiner Gabe; aber wir begegnen auch dem Leiden, dem Kreuz Jesu und seiner Auferstehung. Durch diese anbetende Betrachtung zieht er uns zu sich, in sein Geheimnis hinein, durch das er uns verwandeln will, wie er die Hostie verwandelt hat.

Die Urkirche hat im Brot noch einen anderen Symbolismus entdeckt. Die um das Jahr 100 verfasste »Lehre der zwölf Apostel« enthält in ihren Gebeten die Aussage: »Wie dieses gebrochene Brot auf den Hügeln zerstreut war, gesammelt wurde und eins geworden ist, so möge deine Kirche von den Enden der Erde zusammengeführt werden in deinem Reich« (IX,4). Das aus vielen Körnern bereitete Brot schließt auch ein Ereignis der Vereinigung ein: Das Entstehen des Brotes aus den gemahlenen Weizenkörnern ist auch ein Vereinigungsprozess. Wir selbst sollen aus den vielen, die wir sind, zu einem einzigen Brot, einem einzigen Leib werden, sagt uns der hl. Paulus (vgl. 1 Kor 10,17). So wird das Zeichen des Brotes zugleich Hoffnung und Aufgabe.

Predigt bei der Eucharistiefeier am Hochfest des Leibes und Blutes Christi, 15. Juni 2006

Der hl. Paulus sagt: »Denn ihr habt nicht einen Geist empfangen, der euch zu Sklaven macht, so dass ihr euch immer noch fürchten müsstet, sondern ihr habt den Geist empfangen, der euch zu Söhnen macht, den Geist, in dem wir rufen: Abba, Vater!« (Röm 8,15). Was bedeutet das? Der hl. Paulus setzt das Gesellschaftssystem der Antike voraus, in dem es Sklaven gab, denen nichts gehörte und die daher nicht interessiert waren am richtigen Ablauf der Dinge. Auf der anderen Seite standen die Söhne, die gleichzeitig Erben waren und daher für den Erhalt und die gute Verwaltung ihres Besitzes oder für den Erhalt des Staates sorgten. Da sie frei waren, besaßen sie auch eine Verantwortung.

Wenn man vom soziologischen Hintergrund jener Zeit einmal absieht, gilt noch immer der Grundsatz: Freiheit und Verantwortung gehören zusammen. Die wahre Freiheit zeigt sich in der Verantwortung, in einer Handlungsweise, die Mitverantwortung trägt für die Welt, für sich selbst und für die anderen. Frei ist der Sohn, dem die Dinge gehören und der daher nicht zulässt, dass sie zerstört werden.

Alle weltlichen Verantwortlichkeiten, von de-

nen wir gesprochen haben, sind jedoch nur
Teilverantwortlichkeiten, die einen bestimmten Bereich, einen bestimmten Staat usw. betreffen. Der Heilige Geist dagegen macht uns
zu Söhnen und Töchtern Gottes. Er bezieht
uns ein in die Verantwortlichkeit Gottes selbst
für seine Welt, für die gesamte Menschheit. Er
lehrt uns, die Welt, den Nächsten und uns
selbst mit den Augen Gottes zu betrachten.
Wir tun das Gute nicht wie Sklaven, die nicht
die Freiheit haben, anders zu handeln, sondern wir tun es, weil wir persönliche Verantwortung für die Welt tragen, weil wir die
Wahrheit und das Gute lieben, weil wir Gott
lieben und daher auch seine Geschöpfe. Das
ist die wahre Freiheit, zu der der Heilige Geist
uns führen will.

Die kirchlichen Bewegungen wollen und müssen Schulen der Freiheit sein, dieser wahren
Freiheit. Dort wollen wir diese wahre Freiheit
erlernen, nicht die der Sklaven, die darauf ab-
zielt, für sich selbst ein Stück vom Kuchen
abzuschneiden, der allen gehört, auch wenn
dieses Stück anderen dann fehlt. Wir wün-
schen uns die wahre und große Freiheit, dieje-
nige der Erben, die Freiheit der Kinder Gottes.

In dieser Welt, die so voll ist von scheinbaren Freiheiten, die die Umwelt und den Menschen zerstören, wollen wir in der Kraft des Heiligen Geistes zusammen die wahre Freiheit erlernen, Schulen der Freiheit errichten, den anderen durch unser Leben zeigen, dass wir frei sind, und wie schön es ist, wirklich frei zu sein in der wahren Freiheit der Kinder Gottes.

Predigt zur Pfingstvigil, 3. Juni 2006

EIN SEELSORGER
MIT BEISPIELCHARAKTER

Die Liebe zur Gemeinde

Die durch die Verkündigung des Evangeliums entstandene Gemeinde versteht sich als eine Gemeinschaft, die durch das Wort derer zusammengerufen wurde, die als erste den Herrn erfahren hatten und von ihm ausgesandt wurden. Sie weiß, dass sie auf die Führung der Zwölf ebenso zählen kann wie auf die Führung derjenigen, die ihnen im Laufe der Zeit als ihre Nachfolger im Dienst am Wort und im Dienst an der Gemeinschaft folgen. Die Gemeinde fühlt sich daher verpflichtet, die »Frohe Botschaft« der aktuellen, im Heiligen Geist wirksamen Gegenwart des Herrn und seines Ostergeheimnisses an die anderen weiterzugeben. Das wird an einigen Stellen der paulinischen Briefe hervorgehoben: »Denn vor allem habe ich euch überliefert, was auch ich empfangen habe« (1 Kor 15,3). Und das ist wichtig.

Der hl. Paulus, der, wie man weiß, ursprünglich persönlich von Christus berufen wurde, ist ein wahrer Apostel, und dennoch zählt auch für ihn grundlegend die Treue zu dem, was er empfangen hat. Er wollte kein neues, sozusagen »paulinisches« Christentum »erfinden«. Deshalb bestand er darauf: »Vor allem habe ich euch überliefert, was auch ich empfangen habe.« Er hat das Ursprungsgeschenk überliefert, das vom Herrn kommt und die Wahrheit ist, die rettet. Am Ende seines Lebens schreibt er dann an Timotheus: »Bewahre das dir anvertraute kostbare Gut durch die Kraft des Heiligen Geistes, der in uns wohnt« (2 Tim 1,14).

Das zeigt auf wirksame Weise auch das folgende antike christliche Glaubenszeugnis, das von Tertullian um das Jahr 200 niedergeschrieben wurde: »(Die Apostel) bezeugten zuerst in Judäa den Glauben an Jesus Christus und gründeten Gemeinden. Und als sie sich bald darauf über die ganze Welt verbreiteten, verkündeten sie dieselbe Lehre und denselben Glauben den Völkern und gründeten in jeder Stadt Gemeinden. Von diesen entliehen dann

die anderen Gemeinden den Ableger ihres
Glaubens und die Samenkörner der Lehre und
entleihen sie beständig weiter, um wirklich
Gemeinden zu sein. Dadurch werden auch sie
als Abkömmlinge der Gemeinden der Apostel
wie apostolische Gemeinden angesehen« (De
praescriptione haereticorum, 20: PL 2,32).

Generalaudienz, 3. Mai 2006

Wir kennen die Apostelschüler Timotheus
und Titus aus der Apostelgeschichte und aus
den paulinischen Briefen. Sie sind auch die
Adressaten der drei dem Apostel Paulus zuge-
schriebenen Pastoralbriefe. Timotheus, den
Paulus auf seiner zweiten Missionsreise kennen lernte, wurde ein enger Vertrauter des Völkerapostels, der ihn mit vielen wichtigen Missionen beauftragte. Sein Name begegnet uns
auch als Mitabsender einiger Briefe des Paulus.
Nach dem Zeugnis des antiken Kirchenge-
schichtsschreibers Eusebius von Cäsarea war
Timotheus der erste Bischof von Ephesus.
Titus, der zweite große Apostelschüler, beglei-
tete Paulus auf dem sogenannten Apostelkon-

zil in Jerusalem. Laut dem Titusbrief betraute Paulus ihn mit dem weiteren Aufbau der Kirche auf Kreta. Später wirkte er auch in Dalmatien. An Timotheus und Titus sehen wir, wie sich Paulus in der Ausübung seiner Sendung als Apostel auf zuverlässige Mitarbeiter stützt, die seine Mühen und seine Verantwortung teilen. Beide lehren und zeigen uns, bereitwillig und hochherzig dem Evangelium und somit der Kirche selbst zu dienen.

Wenn wir ... die beiden Gestalten des Timotheus und des Titus gemeinsam betrachten, bemerken wir einige sehr bedeutsame Tatsachen. Das Wichtigste ist, dass sich Paulus bei der Verwirklichung seiner Missionen auf Mitarbeiter stützte. Als Gründer und Hirt vieler Gemeinden bleibt er natürlich der Apostel schlechthin. Es wird jedoch deutlich, dass er nicht alles allein machte, sondern sich auf Vertrauenspersonen stützte, die seine Mühen und seine Verantwortung teilten.

Eine weitere Beobachtung betrifft die Verfügbarkeit dieser Mitarbeiter. Die Quellen, die Timotheus und Titus betreffen, heben deutlich ihre Bereitwilligkeit bei der Übernahme verschiedener Aufträge hervor, die oft darin bestanden, Paulus auch unter nicht einfachen Umständen zu vertreten. Mit einem Wort, sie lehren uns, dem Evangelium großherzig zu dienen, wobei wir wissen, dass dies auch einen Dienst an der Kirche einschließt. Nehmen wir schließlich die Ermahnung auf, die der Apostel Paulus in seinem Brief an Titus richtet: »Ich will, dass du dafür eintrittst, damit alle, die zum Glauben an Gott gekommen sind, sich nach Kräften bemühen, das Gute zu tun. So ist es gut und für alle Menschen nützlich« (Tit 3,8). Durch unseren konkreten Einsatz müssen und können wir die Wahrheit dieser Worte entdecken und gerade in dieser Adventszeit auch reich an guten Werken werden und so Christus, unserem Retter, die Tore der Welt öffnen.

Generalaudienz, 13. Dezember 2006

Aus der Apostelgeschichte und den Paulusbriefen kennen wir die Eheleute Priszilla (oder kurz Priska) und Aquila, die in der Urkirche eine aktive und wichtige Rolle gespielt haben. Beide waren jüdischer Herkunft und haben wohl in Rom den Glauben an Christus angenommen. Der Apostel Paulus lernte sie in Korinth kennen und fand in ihrem Haus Aufnahme. ... Ihr Haus war ein Versammlungsort der Gläubigen von Ephesus für die Feier der Liturgie. Später machten sie ebenso in Rom ihr Heim zu einer „Hauskirche".

Im Römerbrief gibt Paulus uns ein schönes Zeugnis von ihrem Wirken, wenn er schreibt: „Grüßt Priska und Aquila, meine Mitarbeiter in Christus Jesus, die für mich ihr eigenes Leben aufs Spiel gesetzt haben; nicht allein ich, sondern alle Gemeinden der Heiden sind ihnen dankbar" (16, 3-4). An Priszilla und Aquila sehen wir, wie wichtig die Tätigkeit christlicher Eheleute ist. Sie zeigen uns, wie ein jedes Haus zu einer Kirche werden kann und das Familienleben seinen Mittelpunkt im Herrn finden soll. Wenn Ehe und Familie vom Glauben und von einer tiefen Spiritualität getragen sind, wird der Einsatz für Christus und für seinen mystischen Leib, die Kirche, etwas ganz Selbstverständliches.

Es ist kein Zufall, dass Paulus im Brief an die Epheser die eheliche Beziehung mit der bräutlichen Gemeinschaft vergleicht, die zwischen

Christus und der Kirche besteht (vgl. Eph 5,
25–33). Im Gegenteil, wir könnten annehmen,
dass der Apostel das Leben der ganzen Kirche
indirekt dem Familienleben nachbildet. Und
die Kirche ist in Wirklichkeit die Familie Gottes. Wir ehren daher Aquila und Priszilla als
Vorbilder eines Ehelebens, das sich in verant-
wortlicher Weise für den Dienst an der ganzen
christlichen Gemeinschaft einsetzt. Und wir
finden in ihnen das Vorbild der Kirche, Familie Gottes für alle Zeiten.

Generalaudienz, 7. Februar 2007

Das innere Offensein für die katholische
Dimension der Kirche wird in dem Mitarbeiter zwangsläufig die Bereitschaft fördern, sich
mit den anderen Organisationen im Dienst an
den verschiedenen Formen der Bedürftigkeit
abzustimmen; das muss jedoch unter Berück-
sichtigung des spezifischen Profils des Dienstes geschehen, den Christus von seinen Jüngern erwartet. In seinem Hymnus auf die
Liebe lehrt uns der heilige Paulus (1 Kor 13),
dass Liebe immer mehr ist als bloße Aktion:

»Wenn ich meine ganze Habe verschenkte und
wenn ich meinen Leib dem Feuer übergäbe,
hätte aber die Liebe nicht, nützte es mir
nichts« (V. 3).

Dieser Hymnus muss die *Magna Charta* allen
kirchlichen Dienens sein; in ihm sind alle
Überlegungen zusammengefasst, die ich im
Laufe dieses Schreibens über die Liebe entwik-
kelt habe. Die praktische Aktion bleibt zu
wenig, wenn in ihr nicht die Liebe zum Menschen selbst spürbar wird, die sich von der
Begegnung mit Christus nährt. Das persönliche, innere Teilnehmen an der Not und am
Leid des anderen wird so Teilgabe meiner
selbst für ihn: Ich muss dem anderen, damit
die Gabe ihn nicht erniedrigt, nicht nur etwas
von mir, sondern mich selbst geben, als Person darin anwesend sein.

Deus caritas est, 34

Bei unserer ständigen Suche nach Einheit ...
erhält die Aufforderung des Paulus an die
Christen von Thessalonich ... ihre volle Bedeutung: »Betet ohne Unterlass!« (1 Thess 5,17).

Der Apostel kennt jene Gemeinde gut, die aus
seiner Missionstätigkeit entstanden ist, und
hegt große Hoffnungen für sie. Er kennt ihre
Verdienste ebenso wie ihre Schwächen. Unter
ihren Mitgliedern fehlt es nämlich nicht an
Verhaltensweisen, Einstellungen und Debat-
ten, die Spannungen und Konflikte auslösen
können, und Paulus greift ein, um der Gemeinde zu helfen, in Einheit und Frieden ihren Weg zu gehen.
Am Schluss des Briefes fügt er mit fast väter-
licher Güte eine Reihe ganz konkreter Anweisungen hinzu, indem er die Christen bittet,
sich um die Teilnahme aller zu kümmern, sich
der Schwachen anzunehmen, geduldig mit
allen zu sein, niemandem Böses mit Bösem zu
vergelten, immer Gutes zu tun, sich immer zu
freuen und in jeder Situation zu danken (vgl.
1 Thess 5,12–22). In den Mittelpunkt dieser
Anweisungen stellt er das Gebot: »Betet ohne
Unterlass!« Die anderen Ermahnungen würden nämlich ihre Kraft und Konsequenz verlieren, wenn sie nicht vom Gebet getragen
wären. Die Einheit mit Gott und mit den anderen entsteht vor allem durch ein Gebetsleben
im ständigen Suchen nach dem »Willen Gottes

für uns in Christus Jesus« (vgl. 1 Thess 5,18).
Die Aufforderung des hl. Paulus an die Thessalonicher ist immer aktuell. Angesichts der
Schwächen und Sünden, die die volle Gemeinschaft der Christen noch immer verhindern,
hat jede dieser Ermahnungen ihre Gültigkeit
beibehalten, aber besonders gilt das für das
Gebot »Betet ohne Unterlass«. Was würde aus
der ökumenischen Bewegung werden ohne
das persönliche oder gemeinsame Gebet, auf
dass »alle eins seien, so wie du, Vater, in mir
bist und ich in dir« (Joh 17,21)? Wo würden wir
den »zusätzlichen Schwung« des Glaubens,
der Liebe und der Hoffnung finden, den unsere Suche nach Einheit heute besonders
braucht?
Unsere Sehnsucht nach Einheit sollte sich
nicht auf gelegentliche Situationen beschrän-
ken, sondern zu einem integralen Bestandteil
unseres ganzen Gebetslebens werden. In jeder Epoche der Geschichte sind durch das
Wort Gottes und das Gebet geformte Männer
und Frauen Baumeister der Versöhnung und
der Einheit gewesen. Der Weg des Gebets hat
die Straße zur ökumenischen Bewegung, wie
wir sie heute kennen, geöffnet. Seit der Mitte

Paulus und die Empfänger seiner Briefe (um 1185)

des 19. Jahrhunderts sind nämlich verschiedene geistliche Erneuerungsbewegungen entstanden, die den brennenden Wunsch hatten, durch das Gebet zur Förderung der Einheit der Christen beizutragen. Angeregt von herausragenden religiösen Persönlichkeiten, haben Gruppen von Katholiken von Anfang an bei derartigen Initiativen mitgewirkt. Unterstützt worden ist das Gebet für die Einheit auch von meinen verehrten Vorgängern, wie etwa von Papst Leo XIII., der bereits im Jahr 1895 die Einführung einer Gebetsnovene für die Einheit der Christen empfahl. Absicht dieser Bemühungen, die entsprechend den Möglichkeiten der Kirche der Zeit durchgeführt wurden, war es, die von Jesus selbst im Abendmahlssaal ausgesprochene Bitte »alle sollen eins sein« (Joh 17,21) zu verwirklichen. Es gibt daher keinen echten Ökumenismus, der nicht im Gebet verwurzelt wäre.

Vespergottesdienst am Fest der Bekehrung des hl. Paulus,
25. Januar 2008

Paulus bekehrte sich ... gleichzeitig zu Christus und zur Kirche. Von daher versteht man, warum die Kirche später in den Gedanken, im Herzen und im Wirken des Paulus so gegenwärtig war. Das war vor allem deshalb so, weil er in den verschiedenen Städten, in die er sich als Verkünder des Evangeliums begab, im wahrsten Sinn des Wortes viele Kirchen gründete. Wenn er von seiner »Sorge für alle Gemeinden« (2 Kor 11,28) spricht, denkt er an die verschiedenen christlichen Gemeinden, die nach und nach in Galatien, in Ionien, in Mazedonien und in Achaia entstanden waren. Einige jener Kirchen bereiteten ihm auch Sorgen und Kummer, wie dies zum Beispiel in den Gemeinden Galatiens der Fall war, die er sich »einem anderen Evangelium« zuwenden sah (Gal 1,6). Er stellte sich dem mit großer Entschlossenheit entgegen.

Mit den von ihm gegründeten Gemeinden fühlte er sich jedoch nicht in gleichgültiger und bürokratischer, sondern in inniger und leidenschaftlicher Weise verbunden. So bezeichnet er zum Beispiel die Philipper als »meine geliebten Brüder, nach denen ich mich sehne, meine Freude und mein Ehrenkranz«

(Phil 4,1). Manchmal vergleicht er die verschiedenen Gemeinden mit einem Empfehlungsschreiben, das einzig ist in seiner Art: »Unser Empfehlungsschreiben seid ihr; es ist eingeschrieben in unser Herz, und alle Menschen können es lesen und verstehen« (2 Kor 3,2).

Wieder an anderen Stellen zeigt er ihnen gegenüber nicht nur ein echtes Gefühl der Vaterschaft, sondern sogar der Mutterschaft, wenn er sich an seine Adressaten wendet mit den Worten: »meine Kinder, für die ich von neuem Geburtswehen erleide, bis Christus in euch Gestalt annimmt« (Gal 4,19; vgl. auch 1 Kor 4,14–15; 1 Thess 2,7–8).

Generalaudienz, 22. November 2006

»Betet ohne Unterlass!« (1 Thess 5,17) Der hl. Paulus wendet sich an die Gemeinschaft von Thessalonich, die in ihrem Inneren Streitigkeiten und Konflikte austrug, um kraftvoll auf einige grundlegende Haltungen aufmerksam zu machen, unter denen dem ständigen Gebet besondere Bedeutung zukommt. Mit dieser seiner Aufforderung will er deutlich machen, dass aus dem neuen Leben in Christus und im Heiligen Geist die Fähigkeit hervorgeht, jeden Egoismus zu überwinden, gemeinsam in Frieden und in brüderlicher Verbundenheit zu leben, die Last und das Leiden des anderen gern mitzutragen.

Wir dürfen nie müde werden, für die Einheit der Christen zu beten! Als Jesus beim Letzten Abendmahl betete, dass die Seinen »eins sein sollen«, hatte er ein klares Ziel im Sinn: »damit die Welt glaubt« (Joh 17,21). Der Evangelisierungsauftrag der Kirche führt über den ökumenischen Weg, den Weg der Einheit im Glauben, im Zeugnis für das Evangelium und in der wahren Brüderlichkeit.

Angelus, 20. Januar 2008

Wie ihr wisst, haben wir in der Vatikanbasilika in festlichem Rahmen die hll. Petrus und Paulus gefeiert. Besonders freudig gestimmt ist heute die Stadt Rom, in der diese beiden herausragenden Zeugen Christi das Martyrium erlitten haben und wo ihre Reliquien ver-

ehrt werden. Das Gedenken an die heiligen
Schutzpatrone lässt mich die besondere Nähe
zu euch spüren, liebe Gläubige der Diözese
Rom. Die göttliche Vorsehung hat mich dazu
berufen, euer Hirte zu sein: Ich danke euch
für die Zuneigung, mit der ihr mich aufgenommen habt, und bitte euch, dafür zu beten,
dass die hll. Petrus und Paulus für mich die
Gnade erwirken, das mir anvertraute Hirten-
amt treu zu erfüllen. Als Bischof von Rom leis-
tet der Papst einen einzigartigen und uner-
lässlichen Dienst für die Universalkirche: Er
ist das immerwährende und sichtbare Prinzip
und das Fundament für die Einheit der Bischöfe und aller Gläubigen. ...
Wie könnten wir ... nicht daran erinnern, dass
der Primat der Kirche in Rom und ihres Bi-
schofs ein Primat des Dienstes an der katholischen Gemeinschaft ist? Ausgehend von den
beiden Ereignissen der Märtyrertode von Petrus und Paulus begannen alle Kirchen, als
zentralen Bezugspunkt für die lehrmäßige
und pastorale Einheit auf die römische Kirche
zu schauen. Das II. Vatikanische Konzil sagt:
»In der kirchlichen Gemeinschaft gibt es zu
Recht Teilkirchen, die sich eigener Überliefe-

rungen erfreuen, unbeschadet des Primats des
Stuhles Petri, welcher der gesamten Liebesgemeinschaft vorsteht (vgl. hl. Ignatius von
Antiochien, Ad Rom., Vorrede: ed. Funk I,
252), die rechtmäßigen Verschiedenheiten
schützt und zugleich darüber wacht, dass die
Besonderheiten der Einheit nicht nur nicht
schaden, sondern ihr vielmehr dienen« (Lumen gentium, 13).

Angelus, 29. Juni 2005

Der Apostel Paulus präsentiert sich als Ge-
sandter Christi und zeigt deutlich, dass eben
durch Christus dem Sünder, also jedem von
uns, die Möglichkeit einer echten Versöhnung
angeboten wird. Er sagt: »Er hat den, der keine Sünde kannte, für uns zur Sünde gemacht,
damit wir in ihm Gerechtigkeit Gottes würden« (2 Kor 5,21).
Allein Christus kann jede Situation der Sünde
in Neuheit der Gnade umwandeln. Das ist der
Grund, warum die Ermahnung, die Paulus an
die Christen von Korinth richtet, eine starke
geistliche Prägung annimmt: »Wir bitten an

Christi Statt: Lasst euch mit Gott versöhnen«
und »Jetzt ist sie da, die Zeit der Gnade; jetzt
ist er da, der Tag der Rettung« (5,20; 6,2).
Während Joël vom künftigen Tag des Herrn
als einem Tag des schrecklichen Gerichts
sprach, bezieht sich der hl. Paulus auf das
Wort des Propheten Jesaja und spricht von
einer »Zeit der Gnade«, vom »Tag der Rettung«.
Der künftige Tag des Herrn ist zum »Heute«
geworden. Der schreckliche Tag hat sich in
das Kreuz und in die Auferstehung Christi
verwandelt, in den Tag der Rettung. Und dieser Tag ist jetzt, wie wir im Ruf vor dem Evangelium vernommen haben: »Wenn ihr heute
seine Stimme hört, verhärtet nicht euer Herz.«
Der Aufruf zur Umkehr, zur Buße erklingt
heute mit all seiner Kraft, damit sein Wider-
hall uns in jedem Augenblick des Lebens be-
gleiten möge.

Predigt während der Aschermittwochsliturgie, 21. Februar 2007

Wir müssen ... über ein Wort ... nachdenken, wo uns der hl. Paulus sagt: Wir sind gerettet »aufgrund seines Erbarmens durch das Bad der Wiedergeburt und der Erneuerung im Heiligen Geist« (Tit 3,5). Ein Bad der Wiedergeburt. Die Taufe ist nicht nur ein Wort; sie ist nicht nur eine spirituelle Angelegenheit, sondern sie schließt auch die Materie ein. Die ganze Wirklichkeit der Erde wird miteinbezogen. Die Taufe betrifft nicht nur die Seele. Die Spiritualität des Menschen betrifft den Menschen in seiner Ganzheit, Leib und Seele. Die Handlung Gottes in Jesus Christus ist eine Handlung von universaler Wirksamkeit. Christus nimmt das Fleisch an, und das dauert fort in den Sakramenten, in denen die Materie angenommen wird und in die göttliche Handlung eintritt.

Predigt am Fest der Taufe des Herrn, 7. Januar 2007

INHALT

2

FOTONACHWEIS

© KNA-Bild, Bonn:
S. 11, 34, 59, 75, 95, 107, 123

© L'Osservatore Romano: S. 47